Lektürehilfen

Bertolt Brecht

Der gute Mensch von Sezuan

von Ursula Brech (S. 5–82)
Solvejg Müller (S. 83–104)

Klett Lerntraining

Die Seitenangaben zum Dramentext beziehen sich auf die Ausgabe: Bertolt Brecht, Der gute Mensch von Sezuan, mit einem Kommentar von Wolfgang Jeske, Frankfurt a. M.: Suhrkamp, 2003 (Suhrkamp BasisBibliothek 25).

Bibliografische Information der Deutschen Bibliothek
Die Deutsche Bibliothek verzeichnet diese Publikation in der Deutschen Nationalbibliografie; detaillierte bibliografische Daten sind im Internet über http://dnb.ddb.de abrufbar

Auflage 5. 4. 3. 2. | 2013 2012 2011 2010
Die letzten Zahlen bezeichnen jeweils die Auflage und das Jahr des Druckes.

Dieses Werk folgt der reformierten Rechtschreibung und Zeichensetzung. Ausnahmen bilden Texte, bei denen künstlerische, philologische oder lizenzrechtliche Gründe einer Änderung entgegenstehen.

1. Auflage 2007
http://www.klett.de/lernhilfen
Umschlagfoto: Corbis GmbH, Düsseldorf
Satz: DTP Andrea Eckhardt, Göppingen
Druck: Beltz Druckpartner GmbH & Co. KG, Hemsbach
Printed in Germany
ISBN 978-3-12-923033-6

9 783129 230336

Inhalt

Vorwort

Als Leser sind wir nie völlig unvoreingenommen. Wir tragen die Erwartungen, die durch unsere eigenen Erfahrungen und Vorkenntnisse geprägt sind, an literarische Werke heran. Dieser erste Eindruck muss jedoch meist durch genauere Lektüre zurechtgerückt werden; vielleicht erweist er sich sogar als falsch. Weshalb ist dieser Prozess gerade für das Verständnis eines Stücks von Brecht so bedeutsam, dass unser Vorverständnis hier ausdrücklich zum Thema gemacht und allen Erklärungen vorausgeschickt wird?

Auf Schritt und Tritt begegnen wir in den Dramen Brechts scheinbar vertrauten Vorstellungen. Dies ist bis auf die Ebene einzelner sprachlicher Wendungen zu beobachten. Vor allem Bibelkenner können das feststellen. Wie andere Werke Brechts ist auch *Der gute Mensch von Sezuan* geradezu eine Fundgrube für Anklänge und Zitate aus dem Alten und Neuen Testament. Gerade dadurch, dass das Publikum auf zunächst Vertrautes stößt, das sich in bestimmten Bühnensituationen aber als höchst befremdlich erweist, soll es in die Lage versetzt werden, die Bühnenwirklichkeit mit kritischer Distanz zu beobachten. Brecht selbst hat sich mit Vorliebe als Zweifelnden verstanden, eine Haltung, die er auch von seinem Publikum verlangt. Wer sich diese zu eigen macht, wird nicht erwarten, dass Brecht ihm konsumierbare ‚Lebensweisheit' verabreicht. Die Schwierigkeiten, die die Stücke Brechts bereiten, entstehen oft deshalb, weil Gewohnheiten der Rezeption oft jeden Zugang zu Brecht verwehren, da dieser gerade alle ihm zu Gebote stehenden Kunstgriffe einsetzt, um die simple Übersetzung in eine fix und fertige Lehre unmöglich zu machen.

Daher will auch das vorliegende Buch keine konsumierbaren Resultate präsentieren. Ausgangs- und Angelpunkt aller weiterführenden Interpretationsansätze soll ein Nachvollzug des in jedem einzelnen Punkt bedeutsamen Parabelgeschehens sein, der sich aus der Position des denkenden Zuschauers bzw. Lesers Schritt für Schritt an ein angemessenes Verständnis des Stücks *Der gute Mensch von Sezuan* herantastet.

Überblick über den Aufbau des Stücks

Formale Gliederung: drei Wirklichkeitsebenen

Brechts Parabelstück spielt auf mehreren Ebenen. Das Vorspiel zeigt auf der Bühne eine legendenhafte Wirklichkeit, in der Götter vorkommen. Neun der zehn Bilder, in die das Stück gegliedert ist, spielen in einer Wirklichkeit ohne Götter: in einem ärmlichen Viertel der Hauptstadt von Sezuan, einer halb europäischen Stadt Chinas, wo, obwohl die moderne Technik dort schon Einzug gehalten hat, dennoch eher frühkapitalistische Wirtschaftsverhältnisse herrschen. Die Götter tauchen in dieser sozialen Wirklichkeit erst wieder im 10. Bild als falsche Richter auf.

Vorspiel: Die Götter kommen nach Sezuan
1. Bild: Shen Te

Zwischenspiel: Die Götter erscheinen Wang im Traum
2. Bild: Shui Ta
3. Bild: Shen Te

Zwischenspiel: Die Götter erscheinen Wang im Traum
4. Bild: Shen Te

Zwischenspiel vor dem Vorhang: Shen Te singt das „Lied von der Wehrlosigkeit der Götter und Guten"
5. Bild: Shui Ta/ Shen Te

Zwischenspiel vor dem Vorhang: Shen Te wendet sich an das Publikum
6. Bild: Shen Te

Zwischenspiel: Die Götter erscheinen Wang im Traum
7. Bild: Shen Te/ Shui Ta

Zwischenspiel: Die Götter erscheinen Wang im Traum
8. Bild: Shui Ta
9. Bild: Shui Ta

Zwischenspiel: Die Götter erscheinen Wang im Traum
10. Bild: Die Götter kommen als Richter nach Sezuan – Shen Te ist Shui Ta

Epilog

Die zehn Bilder werden mehrfach durch Zwischenspiele unterbrochen: Der Wasserträger Wang berichtet den Göttern im Traum über das Schicksal Shen Tes, des guten Menschen; zweimal tritt Shen Te selbst in Zwischenspielen vor den Vorhang und wendet sich an das Publikum. Brecht montiert also verschiedene Erfahrungen von Wirklichkeit zusammen: eine legendenhafte Welt, die harte soziale Wirklichkeit und die Träume des Wasserträgers. Am Schluss des Stücks steht ein Epilog, eine Art Autorenkommentar, der aber, da er von einem der Schauspieler gesprochen werden soll, in das Stück integriert ist.

Symmetrischer Bauplan

Durch die Anordnung der Zwischenspiele erhält das Stück einen symmetrischen Bauplan mit leichtem Achtergewicht. Die Achse ist nach dem 5. Bild anzusetzen; den drei Zwischenspielen der ersten Hälfte stehen in der zweiten Hälfte insgesamt vier gegenüber.

Gedankliche Gliederung: Fragen – Aufzeigen von Widersprüchen

Die Gliederung des Stücks in zwei Hälften, die sich aufgrund der Anordnung der Zwischenspiele ergibt, spiegelt auch die gedankliche Struktur: In der ersten Hälfte provoziert Brecht die Zuschauer zu Fragen. Im zweiten Teil wird die Suche des Zuschauers nach einer Lösung dadurch gesteuert, dass die Erfahrungen des ‚guten' Menschen mit seiner Welt darauf verweisen, dass diese Welt durch unvereinbare Widersprüche charakterisiert ist. Der Zuschauer erhält im zweiten Teil zwar keine ausdrücklichen Antworten, dafür aber Einblick in die Struktur der Welt, die es verhindert, „gut zu sein und doch zu leben". Einen dritten Gedankenschritt, die Lösung, muss der Zuschauer selbst finden; dazu fordert ihn der Epilog auf.

Lösung durch den Zuschauer

Im Vorspiel stellen die Götter selbst die zentrale Frage des Stücks und erhalten darauf auch schon eine Antwort. In den folgenden vier Bildern provoziert der Verlauf der Handlung den Zuschauer immer wieder zu Fragen (vgl. dazu im folgenden Kapitel die Überschriften zu den Inhaltsangaben der einzelnen Bilder). Durch Veränderung einer Bedingung erweist es sich von Bild zu Bild als notwendig, die Situation des ‚guten' Menschen unter verändertem Gesichtspunkt zu prüfen: Die Bühne gleicht einem Labor, in dem unter wechselnden Versuchsbedingungen ein Experiment durchgeführt wird. Das kleine Geldgeschenk der Götter bringt die Handlung des 1. Bil-

Die Handlung als Experiment

des und damit eine Weiterführung der Ausgangsfrage in Gang. Im 1. Bild wird Shen Te die Erfindung eines Vetters ‚souffliert', der ihre Probleme lösen soll. Im 2. Bild gibt der Polizist mit dem Vorschlag einer Geldheirat Shen Tes das Stichwort für eine weitere Lösungsmöglichkeit. Im 3. Bild verändert sich die Situation grundlegend, da sich Shen Te verliebt. Das 4. Bild bringt zunächst eine Lösung, da Shen Te Geld geliehen bekommt; dafür taucht eine neue Schwierigkeit auf. Ihr Geliebter Sun braucht eine Bestechungssumme, um eine Stelle als Flieger zu erhalten. Im 5. Bild spitzt sich der Widerspruch zwischen Shen Te und Shui Ta ein erstes Mal zu. Die Bilder 6–10 stellen die Widersprüche der Gesellschaft, in der Shen Te lebt, vor Augen. Die Unvereinbarkeit der Doppelrolle führt schließlich dazu, dass das Doppelspiel aufgegeben werden muss (Bild 9 und 10). Den Schlüssel zu der Widerspruchsstruktur von Shen Tes Lebensbedingungen erhält der Zuschauer im 8. Bild.

Der Handlungsverlauf

Vorspiel

Kann die Welt bleiben, wie sie ist?

Die Handlung des Vorspiels erinnert auf den ersten Blick an eine Legende. Der Wasserverkäufer Wang erwartet in der Hauptstadt der chinesischen Provinz Sezuan die Ankunft der Götter. Ungewöhnlich ist der Beginn der Szene. Wang tritt vor das Publikum und stellt sich selbst vor:

Selbst-Vorstellung Wangs

> „Ich bin Wasserverkäufer hier in der Hauptstadt von Sezuan.“

Diese Technik der Selbst-Vorstellung hat Brecht vom japanischen No-Spiel übernommen. Der Schauspieler steht zwar im Kostüm des Wasserverkäufers auf der Bühne, er teilt aber wie ein außenstehender Beobachter die Lebensumstände der Person mit, die er darzustellen hat. Da er über diesen Wang sprechen muss, kann er in diesem Augenblick nicht völlig identisch mit seiner Rolle sein. Der Schauspieler, der den Wasserverkäufer darstellt, ist in gewisser Weise in zwei Personen gespalten: die eine verkörpert die Rolle, während die andere über sie berichtet. Die Vorgeschichte der Bühnenhandlung, die im klassischen Drama im Verlauf des ersten Akts durch Gespräche der handelnden Personen indirekt mitgeteilt würde, erzählt Wang dem Publikum direkt:

Wang erzählt die Vorgeschichte der Bühnenhandlung

> „Der Himmel soll sehr beunruhigt sein wegen der vielen Klagen, die zu ihm aufsteigen.“

Der naiv gläubige Wang erhofft sich von den Göttern Hilfe für die Provinz Sezuan, in der große Armut herrscht, die er aufgrund seines mühseligen Gewerbes besonders hart zu fühlen bekommt.
In Wirklichkeit haben die Götter zu ihrer Erdenwanderschaft jedoch einen anderen Anlass: Sie wollen feststellen, ob die Welt so bleiben kann, wie sie ist. Eine Veränderung, so sagen sie selbst nach ihrer Ankunft in der Hauptstadt, ist unnötig,

Ausgangsfrage: Kann die Welt bleiben, wie sie ist?

„wenn genügend gute Menschen gefunden werden, die ein menschenwürdiges Dasein leben können."

Zwei Bedingungen müssen also erfüllt sein, wenn alles beim Alten bleiben kann: Zum einen, dass es auf Erden überhaupt genügend gute Menschen gibt, zum andern, dass diese guten Menschen auch in annehmbaren Verhältnissen leben können. Weder kommen die Götter in der Absicht, den Menschen Hilfe zu bringen, noch wollen sie diese prüfen, um die Guten zu belohnen und die Bösen zu strafen. Sie kommen vielmehr im eigenen Interesse. Sie wollen das „Geschrei", wie sie es abfällig nennen, das wegen des schlechten Zustandes der Welt zu ihnen dringt, zum Verstummen bringen. Wie Beklagte suchen sie gute Menschen als ‚Beweisstück' dafür, dass alle Klagen unberechtigt sind.

Die Götter wünschen keine Veränderung

Auf der Suche nach einer Herberge für die Nacht begegnen die Götter dem Wasserverkäufer, der sich ihnen mit großer Ehrerbietung nähert. Sein Versuch, den Göttern ein Nachtquartier zu besorgen, erweist sich als ausgesprochen schwierige Aufgabe. In der Stadt scheint es keine hilfsbereiten Menschen zu geben. Nur die Prostituierte Shen Te erklärt sich bereit, die Götter aufzunehmen, weil sie „nicht nein sagen kann". Beim Abschied ‚bezahlen' die Götter ihr Nachtquartier, nachdem sie von Shen Tes schlechten finanziellen Verhältnissen erfahren haben.

Bibelanklänge

Der legendenhafte Stoff enthält zahlreiche Bibelanklänge: Die auf Erden wandelnden Götter, ihre Suche nach einem guten Menschen, sogar die Aufwertung der gesellschaftlich diskriminierten Shen Te verweisen auf biblische Ereignisse. Der Herr verspricht Abraham, die Städte Sodom und Gomorrha zu verschonen, wenn nur zehn Gerechte dort zu finden sind. Jesus verzeiht der Ehebrecherin, die nach dem jüdischen Gesetz gesteinigt werden soll; auch bei anderen Gelegenheiten wertet er von der Gesellschaft geächtete Menschen auf. Die Beurteilung Shen Tes durch die Götter zeigt aber auch, dass der Zuschauer im Vergleich mit den auf der Bühne agierenden Personen über einen Informationsvorsprung verfügt. Zunächst wissen die Götter nichts von Shen Tes Gewerbe, während die Zuschauer aufgrund des Gesprächs zwischen Shen Te und Wang wohlinformiert

Die Götter sind nicht allwissend

sind. Unvereinbar mit der christlichen Vorstellung von Gott als dem Allwissenden, vor dem es keine Lüge gibt, ist, dass sie sich nicht nur täuschen lassen, sondern immer wieder beim Selbstbetrug ertappt werden können. Wo die Götter Beobachtungen machen, die das Gelingen ihrer Suche in Frage stellen könnten, verschließen sie die Augen vor den Tatsachen. Auch das kann dem Publikum aufgrund seines Informationsstandes nicht entgehen. Damit wird es immer wieder zur Beurteilung der Verhaltensweise der Götter aufgefordert. Diese versuchen nicht nur die Tatsache, dass Wangs Wassergefäß zwei Böden hat, im Interesse ihrer ‚Beweisführung' herabzuspielen; auch Shen Tes heftigen Einspruch gegen die Behauptung der Götter, in ihr einen guten Menschen gefunden zu haben, nehmen sie nicht ernst und ziehen sich mit einem als ‚Bezahlung' ausgegebenen Geldgeschenk aus der Affäre.

Unterschiedliche ‚Temperamente' der Götter

Ganz und gar nicht vereinbar mit der traditionellen Vorstellung von Göttern sind auch ihre unterschiedlichen ‚Temperamente'. Ihre Aussichten, einen guten Menschen zu finden, beurteilen nicht alle drei mit dem gleichen Optimismus. Der erste Gott identifiziert sich ganz mit seiner Rolle als Anführer. Auf die Realität der Menschenwelt will er sich nicht einlassen; er erfüllt seine Rolle im Erlassen von Geboten. Aufgrund seines stärker ausgeprägten Realitätssinns fällt der zweite Gott zuweilen ganz aus der beanspruchten Rolle, die eine Einmischung in weltliche Angelegenheiten verbieten würde.

Rolle des Anführers

Realitätssinn des zweiten Gottes

Er verfügt über eine genauere Beobachtungsgabe als seine Gefährten; sie lässt ihn die Ursache von Überschwemmungen in Kwan nicht in der Gottlosigkeit, sondern in der Nachlässigkeit der Bewohner suchen und rasch den doppelten Boden von Wangs Wassergefäß entdecken. Im Widerspruch zu dem Wirklichkeitssinn, den er bei diesen Gelegenheiten beweist, hält aber der zweite Gott noch starrsinniger als die beiden anderen daran fest, dass die Götter für „das Wirtschaftliche" nicht zuständig seien. Am ‚menschlichsten' verhält sich der dritte Gott. Da er durchschaut, dass die Gastgeberin erst noch einen Freier aus dem Hause schleusen muss, bevor die Götter eintreten können, bietet er taktvoll an, sich ein wenig zu entfernen. Die Götter sind also keineswegs so erhaben, wie Wang sie sich vorstellt.

‚Menschlichkeit' des dritten Gottes

Komische Wirkung der Götter

Die Meinungsverschiedenheiten, die unter den Göttern aufkommen, machen ihren Anspruch auf Göttlichkeit vollends fragwürdig. Wenn also aus der Tradition Vertrautes anklingt, so dient es Brecht offenbar nur zum Kontrast: Nicht so, wie erwartet, sind die Götter. Gerade der Gegensatz zwischen der Erwartung der Erhabenheit, wie sie Wang zum Ausdruck bringt, und der gezeigten Bühnenwirklichkeit bewirkt, dass die Götter auf das Publikum in erster Linie komisch wirken.

Nimmt es die Götter am Ende des Vorspiels beim Wort, dann ist ihre Mission, wenngleich sie selbst es nicht eingestehen wollen, vorerst gescheitert. Shen Te, die sie zum guten Menschen erklären, geht es nach deren eigenen Worten nicht gut:

Shen Tes Dilemma

> „Ich bin gar nicht sicher, daß ich gut bin. Ich möchte es wohl sein, nur wie soll ich meine Miete bezahlen?"

Ihre Neigung zur Freundlichkeit scheitert an den Verhältnissen

Sie bringt ihr Dilemma deutlich zum Ausdruck: Gern würde sie die göttlichen Gebote halten, würde Menschenfreundlichkeit und Nächstenliebe zeigen. Nicht ein innerer Drang zum Bösen hält sie davon ab, vielmehr verhindern die Verhältnisse, dass sie sich ihren Wunsch nach menschenfreundlichem Verhalten erfüllen kann. Mit diesem Denkmodell steht Brecht insofern im Widerspruch zur christlich-abendländischen Tradition, als diese das sittlich gute Verhalten des Menschen als Ergebnis der Anstrengung bewertet, die notwendig erscheint, damit der Mensch seine Triebe, die ihn geneigt zum Bösen machen, überwindet. Eindrucksvoll illustriert für Brecht diese Auffassung eine japanische Maske, die Jahre lang in seinem Arbeitszimmer aufgehängt war: Die Bosheit steht nicht in Übereinstimmung mit den natürlichen Neigungen, vielmehr kostet sie ungeheuerliche Anstrengungen.

Angesichts des ‚Geständnisses' von Shen Te wird die an sie gerichtete Aufforderung des ersten Gottes, „vor allem gut" zu sein, zur hohlen Phrase: Gut sein zu *können* wäre ja gerade ihr Bedürfnis, das sie angesichts der herrschenden Verhältnisse nicht realisieren kann. Um Shen Tes Einspruch abzuwehren, entschließen sich die Götter zu einem Trick, der erst recht ihre Widersprüchlichkeit offenbart. Sie tarnen ein Geldgeschenk an Shen Te als ‚Bezahlung' des Nachtlagers, um den Schein zu wahren und nicht zugeben zu müssen, dass sie gegen die von ihnen

selbst bestimmte Regel, sich nicht ins „Wirtschaftliche“ einmischen zu wollen, verstoßen.
Das Geldgeschenk ändert Shen Tes wirtschaftliche Lage, die sie bisher an der Erfüllung der ‚Gebote‘ gehindert hat. Dem Zuschauer stellt sich mit der veränderten Bedingung die Frage: Wird es Shen Te jetzt möglich sein, ihr Bedürfnis nach Freundlichkeit ihren Mitmenschen gegenüber zu realisieren?

Neue Versuchsbedingungen: das Geschenk der Götter

1. Bild: Ein kleiner Tabakladen

Kann Shen Te ihren Wunsch verwirklichen, „viel Gutes zu tun“?

Drei Tage sind seit der Abreise der Götter vergangen. Die kurze Zeitspanne hat für Shen Te wichtige Veränderungen gebracht. Vergleichbar mit Wangs Selbstvorstellung, erzählt nun Shen Te, direkt zum Publikum gewendet, was sich in der Zwischenzeit zugetragen hat. Mit den über tausend Silberdollar, die sie von den Göttern als ‚Bezahlung‘ erhalten hat, konnte sie einen kleinen Laden kaufen, der es ihr, so hofft sie, ermöglichen wird, „viel Gutes zu tun“. Das Publikum wird Zeuge der Eröffnung des Tabakladens. Zu erwarten wäre – vielleicht noch etwas zögernd – das Eintreffen der ersten Kunden. Statt dieser strömt eine Schar von Obdachlosen und Hungernden in den Laden: Leute, die vor kurzem ihren kleinen Besitz verloren haben, wie zum Beispiel die Shin, die Shen Te ihren Laden verkauft hat, und Shen Tes ehemalige Wirtsfamilie, einstmals selbst Besitzer eines Tabakladens. Sie scheuen sich nicht, Shen Te um Hilfe zu bitten, obwohl sie diese auf die Straße gesetzt haben, als ihr das Geld ausgegangen war. Nacheinander tauchen immer mehr Mitglieder dieser Familie auf und quartieren sich im Tabakladen ein. Die Ankömmlinge versuchen egoistisch, kleine Vorteile für sich zu ergattern, die sie eifersüchtig gegen ihre Leidensgenossen verteidigen. Als ein Arbeitsloser um eine Zigarette bettelt und sie von Shen Te erhält, erkennen sie blitzschnell die Gefahr, die Shen Tes Güte für den kleinen Laden bedeutet: „Du bist zu gut, Shen Te“, wendet die Frau ein. „Wenn du deinen Laden behalten willst, mußt du die eine oder andere Bitte

Shen Tes Laden als Zuflucht der Obdachlosen

Shen Te ist zu gut

abschlagen können." Shen Tes Hilfsbereitschaft gefährdet in der Tat den Laden. Doch nach welchen Gesichtspunkten soll sie eine Bitte abschlagen und die andere erfüllen? Die Frau bemerkt nicht, dass sich ihr Rat auch gegen die Ansprüche richtet, die sie und ihre Familie an Shen Tes Hilfsbereitschaft stellen. Die Sympathie des Publikums können sich die bösartigen Gäste Shen Tes kaum erringen. Mögliche Vorwürfe gegen ihre ‚Gäste' versucht Shen Te, ohne aus ihrer Bühnenrolle herauszutreten, dennoch durch die Rhythmisierung deutlich vom Dialog abgehoben, in einer direkten Wendung zum Publikum zu entkräften:

„Sie sind ohne Obdach.
Sie sind ohne Freunde.
Sie brauchen jemand.
Wie könnte man da nein sagen?"

Schlechte Verhältnisse machen Menschen schlecht

Für Shen Te ist also die Bedürftigkeit dieser Menschen Grund genug, ihnen Hilfe zu leisten. Ihre Bösartigkeit erklärt sie damit, dass eben ihre Armut eine Verwirklichung ihrer Menschlichkeit nicht zulässt:

„Sie sind schlecht.
Sie sind niemandes Freund.
Sie gönnen keinem einen Topf Reis.
Sie brauchen alles selber.
Wer könnte sie schelten?"

Shen Tes Begründung wirkt einleuchtend. Doch die Zahl der Armen ist zu groß, als dass Shen Tes Güte abhelfen könnte. Angesichts des Ausmaßes der Not erweist sich gerade der Eingriff in die bestehenden Verhältnisse, den die Götter vermeiden wollen, als notwendig.

Nicht allein die große Zahl der Armen und Obdachlosen bedeutet eine Gefahr für Shen Tes Tabakladen. Denn die ehemalige Ladenbesitzerin, Frau Shin, die nun ihre Bitte um Reis als wohlberechtigte Forderung vorträgt, hat Shen Te übel hereingelegt. Sie hat ihr nicht nur einen schlecht gehenden Laden in einem „Elendsviertel" verkauft, den sie selbst trotz ihrer Geschäftstüchtigkeit nicht halten konnte, sondern auch verschwiegen, dass die Stellagen für die Tabakwaren nicht bezahlt sind. Noch bevor der erste Kunde den Laden betreten hat, fordert der Schreiner Lin To, selbst nahe am Bankrott,

Frau Shin fordert Reis

wütend die Bezahlung der von ihm angefertigten Stellagen. Der Schreiner, der nicht weiß, wovon er seine Familie ernähren soll, hält von Shen Tes Lob der Geduld, das ohne diesen Hintergrund vielleicht Überzeugungskraft hätte, mit gutem Recht nichts. Die Lage ist verzweifelt; besser als Shen Te erkennen ihre Gäste die drohende Gefahr und lassen sich – Not lehrt denken – etwas einfallen. Sie erfinden den Vetter Shui Ta, einen Mann „wie ein Messer", da für sie die Gefahr vor allem von Shen Tes Verhalten ausgeht, ihrer Menschenfreundlichkeit, die keine Unterschiede macht. Shui Ta ist nicht Shen Tes Einfall, noch weniger ihr zweites Ich, das sich in dieser bedrängten Situation meldet. Shui Ta wird von den Gästen gegen die Forderungen den Schreiners gleichsam als Strohmann aufgebaut. Wird ein verändertes Verhalten, wie es der kalte Geschäftsmann Shui Ta aufweisen soll, Shen Tes Probleme lösen können? Der Schreiner lässt sich jedenfalls überreden, sich mit seinen Forderungen an den Vetter Shui Ta zu wenden und kann so erst einmal abgewimmelt werden. Shen Te hat jedoch moralische Bedenken. Darf Lin To um den gerechten Lohn, den er dringend für den Unterhalt seiner Familie braucht, betrogen werden? Selbst fragwürdig wird allerdings Shen Tes besorgte Frage:

Der Schreiner fordert seinen Lohn

Shui Ta wird erfunden: ein Mann „wie ein Messer"

> „Was werden die Götter dazu sagen?"

Für den Zuschauer haben diese schon im Vorspiel ihren Anspruch auf moralische Beurteilung menschlichen Verhaltens preisgegeben. Als Instanzen, vor denen sich Shen Te Skrupel machen müsste, erscheinen die Götter ungeeignet. Shen Te selbst führt die Schlechtigkeit ihrer ‚Gäste' ja auf die schlechten Verhältnisse zurück, die auch ihre Schwierigkeiten mit Lin To verursachen, also nicht als ihr Verschulden angesehen werden können. Inkonsequent urteilen auch Shen Tes Gäste. Sie werfen ihr ihre Menschenfreundlichkeit vor, von der sie selbst profitieren. Die Erfindung des menschenverachtenden Vetters Shui Ta dient ja gerade dazu, diese Quelle der Menschenfreundlichkeit zu erhalten.

Doch schon der Auftritt der Hausbesitzerin Mi Tzü lässt vermuten, dass ein verändertes Verhalten allein, wie es der erfundene Vetter zeigen soll, nicht alle Probleme lösen wird. Denn die wohlhabende Frau Mi Tzü lässt sich nicht so einfach abwehren wie der arme Schreiner Lin To. Ähnlich wie die Götter im Vorspiel bedient sich Frau Mi Tzü einer poetisch verklärenden Sprache. Für den Zuschauer muss es wie bitterer Hohn klingen, wenn sie angesichts des Bankrotts, der dem gerade eröffneten Laden droht, feierlich erklärt:

> „Ein schöner Augenblick, die Eröffnung eines kleinen Geschäftes."

Frau Mi Tzü fordert Auskünfte über Shen Te

Frau Mi Tzü liebt nicht nur die schönen Worte, sie führt sich auch als Vertreterin der Moral ein. Da nach ihren Worten ihr Haus ein „respektables" ist, verlangt sie Auskünfte über Shen Te, bevor sie den Mietskontrakt unterschreibt. Zunächst lässt sie sich zwar an den Vetter verweisen. Da jedoch Shen Te und ihre Gäste annehmen müssen, dass sich die Vergangenheit der Gastgeberin kaum verbergen lässt, herrscht angesichts der Forderung von Frau Mi Tzü große Niedergeschlagenheit, zumal in diesem Augenblick weitere Mitglieder der obdachlosen Familie, der Großvater mit einem Jungen, eintreffen. In dieser Situation singen Shen Tes ‚Gäste' „Das Lied vom Rauch", damit, wie die Frau sagt, „die Gastgeberin etwas Unterhaltung hat". In Wirklichkeit jedoch tragen in dem Lied drei Generationen ihre bitteren Erfahrungen vor.

„Das Lied vom Rauch": Resignation der Armen

Der Großvater und der Mann erzählen vom Los des armen Mannes, der sich weder durch Güte noch durch Schlechtigkeit helfen kann. Aufgrund dessen, was sie vom Hörensagen erfahren hat, spricht die Nichte ihre Erwartungen aus: Das noch offene Tor zur Zukunft führt für die Armen „nur ins Nichts".

Der Song ist einerseits Teil des Bühnengeschehens, innerhalb dessen er die Situation der Ratlosigkeit überbrücken soll. Andererseits beleuchtet er für das Publikum das Bühnengeschehen. Hatte Shen Te in ihrem ‚Geständnis' vor den Göttern bekannt, dass die Einhaltung der Gebote durch materielle Not unmöglich gemacht wird, so erfährt der Zuschauer nun, dass die Armen sich aus ihrer Situation weder durch gutes noch durch schlechtes Verhalten befreien können. Im Gegensatz zu den Akteuren auf der Bühne, die ihre Situation als schicksalhaft und damit als unveränderbar erfahren, ist dem Zuschauer seit dem Vorspiel die Frage präsent, ob die Welt so bleiben könne, wie sie ist, oder einer grundsätzlichen

Veränderung bedürfe. Im Gegensatz zu den Göttern musste er schon aufgrund des Geschehens im Vorspiel für die Notwendigkeit einer Veränderung plädieren. Das als Bezahlung ausgegebene Geldgeschenk der Götter erweist sich im 1. Bild als höchst unzureichender Lösungsversuch. Warum können sich die Armen aus ihrer Not nicht befreien? Wenn der Zuschauer sich auf das Denkexperiment, das ihm das Bühnengeschehen stellt, eingelassen hat, muss er sich als logische Konsequenz aus den bisherigen Ereignissen für das folgende Bühnengeschehen diese Frage stellen.
Zunächst aber ist mit der Erfindung Shui Tas eine neue Versuchsbedingung eingeführt, mit der sich die Frage erhebt, ob das schlimme Mittel, der kaltherzige Shui Ta, in der Lage ist, dem guten Zwecke, Shen Tes Hilfsbereitschaft, zu dienen?

Wird Shui Ta Shen Tes Probleme lösen?

Zwischenspiel

Unter einer Brücke

Kitsch-Elemente der Traumszenen

Das Zwischenspiel steht in komischem Kontrast zur Wirklichkeit Shen Tes. Das Illusionäre von Wangs Traumwelt, die ihn Zwiesprache mit den Göttern halten lässt, und die Fadenscheinigkeit der Götter und ihrer Argumente wird durch die offensichtlich kitschigen und damit ‚unwahren' Elemente der Szene, durch die musikalische Untermalung sowie das ‚Durchsichtigwerden' der Böschung, wo Wang seinen Schlafplatz hat, deutlich.
Dieses Zwischenspiel bringt wie die folgenden, in denen die Götter Wang im Traum erscheinen, keinen Fortgang der Handlung. Vielmehr enthalten sie einen Rückblick auf schon Geschehenes und bilden damit für den Zuschauer Anlass zu erneuter Reflexion. Zugleich wird die Ausgangssituation des Vorspiels mit den von den Göttern selbst gesetzten Bedingungen durch die Einschübe ausdrücklich in Erinnerung gerufen. In dieser Szene zeigen sowohl Wang als auch die Götter im Vergleich mit dem Zuschauer Informationslücken. Aus unterschiedlichen Motiven haben sich sowohl Wang als auch die Götter im Vorspiel fluchtartig vom Schauplatz der Handlung davongemacht: Wang aus Furcht vor einer Strafe der Göt-

Rückblick auf das Bühnengeschehen

ter, diese, weil sie sich die Illusion nicht rauben lassen wollten, in Shen Te einen guten Menschen gefunden zu haben. Sie glauben nun, besser informiert zu sein als der kleingläubige Wang, und teilen diesem im Bewusstsein ihrer Überlegenheit mit, dass sie in Shen Te einen guten Menschen gefunden haben. Vor dem Zuschauer entlarven sie jedoch ihre Borniertheit umso deutlicher, wenn sie in Unkenntnis der augenblicklichen Situation Shen Tes, die im Bühnengeschehen des 1. Bildes offenkundig gewordene Tatsache, dass die Guten keineswegs gut leben können, als „Gerede" abwerten und Wang beauftragen, von Shen Te, auf dass sie gut bleiben könne, Güte zu verlangen. Dass Güte tatsächlich von ihr verlangt wird, hat aber Shen Te gerade in höchste Bedrängnis gebracht, in der die Erfindung des ‚bösen' Shui Ta das einzige Mittel erscheint, die wirtschaftliche Grundlage dieser Güte, den Laden, zu erhalten.

Borniertheit der Götter

2. Bild: Der Tabakladen

Kann Shui Ta Shen Tes Bedürfnis nach sozialem Verhalten retten?

Shui Ta wurde von Shen Tes ‚Gästen' erfunden, um zu verhindern, dass sie noch mehr Menschen Hilfe gewährt. Dennoch scheinen diese die Identität von Shen Te und Shui Ta am Anfang der Szene nicht zu durchschauen. Jedenfalls herrscht große Überraschung, als die gegen die feindliche Umwelt selbst aufgebaute Strohfigur tatsächlich den Laden betritt. Shen Te spielt die Verhaltensweisen, die ihr mit der Maske des Shui Ta souffliert wurden, konsequent durch. Die erhoffte Rettung kehrt sich gegen diejenigen, die geglaubt haben, dass ausgerechnet sie mit heiler Haut davonkommen würden. Denn als Shui Ta lässt auch Shen Te sich ausschließlich von dem Grundsatz der Selbsterhaltung leiten. Dementsprechend sieht Shui Tas erste Aktion auf der Bühne aus: Er kündigt der Schar seiner Gäste die Gastfreundschaft auf. Noch versuchen diese den Hinauswurf einfach zu überhören und wollen den Laden sogar zur Ausgangsbasis von kleinen Diebereien machen. Das Publikum indes erhält Gelegenheit, zu studieren, wie Shui Ta mit

Shui Tas oberster Grundsatz: Selbsterhaltung

den Forderungen des Schreiners Lin To fertig wird. Shui Tas Verhalten steht in schärfstem Kontrast zu dem Shen Tes. Hatte diese die Ansprüche des Schreiners grundsätzlich anerkannt und Mitgefühl mit ihm und seiner Familie gezeigt, so dient Shui Ta die Armut seines Verhandlungspartners dazu, sie zum eigenen Vorteil zu benutzen. Messerscharf erkennt er, dass gerade die Verelendung Lin Tos die schwache Stelle ist, die es ermöglicht, den Preis der Stellagen zu drücken. Lin Tos Argumentation, dass es sich um handwerkliche Maßarbeit handelt, nutzt Shui Ta geschickt im eigenen Interesse. Ihn lässt der Arbeitsaufwand Lin Tos ungerührt; nur der Preis, den er beim Wiederverkauf fordern kann, ist für ihn interessant. Da sich unter diesem Gesichtspunkt Lin Tos Maßarbeit als wertmindernd erweist, bleibt er hart, und der Schreiner muss die Stellagen schließlich zu einem Schleuderpreis an Shui Ta abgeben.

Shui Ta nutzt Lin Tos Schwäche

Shen Te hat die Maske des Shui Ta nur angelegt, um ihre Guttaten als Shen Te fortführen zu können. Doch schon jetzt zeigt sich ein im Grunde unvereinbarer Widerspruch der Interessen Shen Tes und Shui Tas: Shui Ta kann gar nicht wünschen, dass den Armen, in diesem Falle dem Schreiner, geholfen werde, profitiert er doch gerade von dessen Elend. Noch immer haben Shen Tes ‚Gäste' nicht bemerkt, dass sie sich in Shui Ta buchstäblich ihren eigenen Metzger gewählt haben. „So muss man diese Typen behandeln", jubelt die Frau Shui Ta zu, ohne zu bemerken, dass sie mit ihrer Begeisterung prinzipiell auch den Hinauswurf ihrer Familie billigt, den Shui Ta geschickt bewerkstelligt. Ihm kommt ein Polizist, der sich dem Laden nähert, gerade gelegen. Er freundet sich mit dem Hüter der Ordnung an und lässt den Jungen, der mit Diebesbeute für seine Familie ankommt, kaltblütig in die Falle laufen. Als die gesamte Familie, von der er sich vor dem Polizisten deutlich distanziert, abgeführt wird, hat er das Problem mit den Gästen auf seine Weise gelöst.

Beifall für Shui Ta von Seiten der Gäste

Der Polizist schafft Shui Ta die ‚Gäste' vom Hals

Nicht so leicht gelingt es Shui Ta, mit der Hausbesitzerin fertig zu werden. Wieder argumentiert diese mit der Moral. Zweierlei macht sie Shen Te zum Vorwurf: zum einen, dass sie Obdachlose aufgenommen, zum anderen, dass sie von Prostitution gelebt hat. Ihre Moral, mit deren Hilfe sie die schwachen Punkte Shen Tes,

Frau Mi Tzü nutzt Shen Tes Schwäche

die auch Shui Ta bei dem Schreiner Lin To zum eigenen Vorteil herauszufinden wusste, aufspürt, dient ihr dazu, den Preis für die Ladenmiete auf 200 Silberdollar im Halbjahr, zahlbar im Voraus, hochzutreiben. Da versagt auch Shui Tas Härte, weil er über diese Summe einfach nicht verfügt, und er verlegt sich aufs Bitten. In einer Umwertung aller für Shen Te gültigen Werte bekennt sich Shui Ta zu Frau Mi Tzüs Moral, ein Bekenntnis, das dem Zuschauer deren wahres Gesicht verdeutlicht. Als ‚unverzeihlichen Fehler' bezeichnet er es gegenüber dieser Repräsentantin der Wohlanständigkeit, dass Shen Te „Unglücklichen Obdach" gewährt hat. Im Unterschied zu Lin To ist die Hausbesitzerin gegenüber Shui Ta in der wirtschaftlich überlegenen Position. Deshalb kann sie ihre Interessen durchsetzen und den Mietpreis nach Gutdünken festsetzen. Shui Ta muss den Laden räumen, falls er die 200 Silberdollar nicht auftreiben kann. Doch da erweist es sich als Glücksfall, dass sich Shui Ta als Stütze der Ordnung verdient gemacht hat. Er zieht den Polizisten ins Vertrauen und fasst im Gespräch mit diesem seine Erfahrungen zusammen:

> „Härte und Verschlagenheit helfen nur gegen die Unteren."

‚Ware Liebe' oder wahre Liebe?

Mit zwei durch Herrn Shui Ta überreichten Zigarren in der Tasche philosophiert der Polizist über die wahre Liebe, die man nicht verkauft, „sonst ist es käufliche Liebe". Seine platten und hilflosen Begründungsversuche zeigen, dass er Ideale nachplappert, die er selbst nicht vertreten kann. Sein Urteil über Shen Tes Vergangenheit gründet sich auf die Wertsetzungen der bürgerlichen Moral, deren Widersprüchlichkeit schon aufgrund von Frau Mi Tzüs auf den eigenen Vorteil bedachten Argumentation mit der Moral durchschaubar wurde. Vollends entlarvend ist der Vorschlag, den der Polizist im Widerspruch zu seiner Rede unterbreitet. Da er klar erkennt, dass sich

Shui Ta benötigt Kapital

Shui Ta nur retten kann, wenn er sich Kapital verschaffen kann, schlägt er vor, Shen Te zu verheiraten. Kaum der Situation entronnen, sich selbst verkaufen zu müssen, sieht sie sich als Shui Ta in der Rolle von Verkäufer und Ware zugleich, nur mit dem Unterschied, dass der ‚kluge Rat' des Polizisten sich im Rahmen dessen bewegt, was die gesellschaftlichen Normen gutheißen.

In dieser Szene kann der Zuschauer anhand des Bühnengeschehens erkennen, dass zwischen Shen Tes natürlichem Bedürfnis nach Menschenfreundlichkeit und den herrschenden Normen der Gesellschaft, in der sie lebt, ein unversöhnlicher Widerspruch besteht. Während Shui Ta den respektablen Vertretern der Stadt keineswegs als böse gilt, weil er lediglich den allgemeinen Verhaltensnormen entspricht, führt Shen Tes Bedürfnis nach sozialem Verhalten nicht nur zur Selbstpreisgabe, sondern gilt zudem als Verfehlung. Wenn die Götter also daran festhalten, dass die bestehende Welt nicht verändert werden muss, liefern sie mit ihrer Behauptung, dass moralisch gutes Verhalten allein vom guten Willen des Individuums abhänge, Leuten wie Frau Mi Tzü nur ein Alibi für Verhältnisse, deren Normen grundsätzlich unsoziales Verhalten fordern. Die Moral, als deren Hüter sich die Götter verstehen, dient den Besitzenden als bloßer Vorwand. Der eigentliche Nerv der Dinge, auf den sich auch Shui Ta verwiesen sieht, wenn er Shen Tes Laden retten will, ist, wie ihn der Polizist belehrt, der Besitz von Kapital. Mit der Heiratsannonce fällt ein neues Stichwort, das die Spannung auf den Gang der Ereignisse aufrechterhält. Wird es Shui Ta auf diese Weise gelingen, das fehlende Geld zu beschaffen? Wird es gelingen, mit Hilfe von Shui Ta Shen Tes Bedürfnis nach Freundlichkeit zu verwirklichen?

Die gesellschaftlichen Verhältnisse fordern unsoziales Verhalten

Hilft eine Heirat Shen Tes aus der Not?

3. Bild: Abend im Stadtpark

Kann Shen Te sich wahre Liebe leisten?

Im Stadtpark begegnet Shen Te zwei Prostituierten, die trotz des regnerischen Wetters nach Kunden Ausschau halten. Shen Te jedoch befindet sich auf dem Weg ins Teehaus, um dort einen heiratslustigen Witwer zu treffen. Unter einem Baum entdeckt sie den stellungslosen Flieger Sun, der sich aus Verzweiflung erhängen will. Da er zuvor schon von den beiden Prostituierten gestört wurde, versucht er Shen Te schroff abzuwimmeln: „Mit mir ist kein Geschäft zu machen". Ein Gespräch kommt nur stockend zu Stande. Schließlich lässt er sich überreden, Shen Te die Gründe seiner Verzweiflung mitzuteilen.

Wunsch nach Selbstverwirklichung: „Ich aber bin ein Flieger"

Für ihn, der seine Selbstverwirklichung allein im Fliegen sieht, ist seine Lage als stellungsloser Flieger Anlass zu völliger Verzweiflung. Obwohl aus seinen Worten zu schließen ist, dass auch andere Kollegen sich in dieser Situation befinden, hält er seine Lage für unvergleichlich, da er für sich beansprucht, der einzige wirkliche Flieger zu sein, für den das Fliegen keine Arbeit wie irgendeine andere, sondern identisch mit seinem Leben ist. Die Verzweiflung Suns weckt Shen Tes Mitgefühl.

Wunschträume Shen Tes

Ohne nach den Ursachen von Suns Arbeitslosigkeit genauer zu fragen, träumt sie von besseren Zeiten, die Sun keinen Anlass zu seinem verzweifelten Vorhaben bieten würden:

> „In unserem Lande
> Dürfte es trübe Abende nicht geben."

Was muss das für ein Land sein? Die beiden vorangegangenen Bilder haben den Zuschauer darüber schon gründlich informiert. Shen Te träumt auch über ihre eigene Situation hinaus, wenn sie erzählt:

> „Ich bin eine Reiche, sagte ich.
> Ich gehe allein. Ich schlafe allein."

Durch Sun wird sie auf den Boden der Tatsachen zurückgebracht:

> „Aber jetzt heiratest du einen?
> Den im Teehaus am Teich."

Um Sun aufzuheitern, versucht sie ein möglichst optimistisches Bild der Welt zu entwerfen, das allerdings ihren eigenen Erfahrungen widerspricht. Wie die Götter macht sie menschenfreundliches Verhalten zu einer Tugend des Einzelnen. Unbekümmert um ihre Erfahrungen unter der Maske des Shui Ta erklärt sie, dass Bosheit „bloß eine Art Ungeschicklichkeit" sei. Auch Suns egozentrische Identifikation mit seinem Fliegerberuf interpretiert sie als „Freundlichkeit". Aus seiner Faszination durch die Technik hört sie mehr eine Art von sozialem Engagement heraus und träumt Sun als Flieger, der „den Freunden im fernen Land / Die freundliche Post" überbringt.

Wunschträume des Wasserträgers

Private Wunschträume von einer besseren Welt trägt auch Wang in seinem „Lied des Wasserverkäufers im Regen" vor. Die geringe Nachfrage nach seiner Ware,

die wegen des Regens herrscht, erweckt in ihm den Wunschtraum von der großen Dürre, die das jetzt im Überfluss vorhandene Wasser zur heiß begehrten Mangelware werden lässt. Eine Perspektive, wie Wang seine armselige Existenz verbessern könnte, bietet diese Wunschvorstellung allerdings ebenso wenig wie Shen Tes freundliche Geste: Sie kauft trotz des strömenden Regens einen Becher Wasser.
Durch die Begegnung mit Sun wird das Heiratsprojekt für Shen Te zum Konflikt. Wird sie noch bereit sein, eine Geldheirat einzugehen, nachdem sie sich in Sun verliebt hat?

Zwischenspiel

Wangs Nachtlager in einem Kanalrohr

Wieder berichtet Wang den Göttern über ihren guten Menschen. Begierig vernehmen sie die Aufzählung guter Taten; den zögernden Bericht Wangs über Zahlungsschwierigkeiten beantworten sie mit Forderungen und Mahnungen:

Bericht über Shen Tes Schwierigkeiten

> „Ganz gleich, man bezahlt, was man schuldig ist."

Starrsinnig halten sie an ihrer Trennung von Moral und Geschäft fest:

> „Was haben Geschäfte mit einem rechtschaffenen und würdigen Leben zu tun?"

Die Zwangslage Shen Tes, die ihre Maskierung als Shui Ta notwendig machte, hat das Publikum anders belehrt. Wang erweist den Göttern eine Ehrerbietung, die ihnen aufgrund des Kenntnisstandes der Zuschauer nicht gebührt. Diese wissen inzwischen genug über die Verhältnisse in Sezuan, um zu erkennen, wie naiv Wang urteilt, wenn er Shui Tas moralische Integrität damit beweisen will, dass ihn „sogar die Polizei" schätzt. Der Ordnungshüter ist ja keineswegs ein Hüter der Menschlichkeit; er vertritt vielmehr die Interessen von Leuten wie Shui Ta oder der Hausbesitzerin, der Hilfsbereitschaft als ‚unverzeihlicher' Fehler gilt. Die Götter unterstützen durch ihren Grundsatz, dass sie sich in das „Wirtschaftliche" nicht einmischen wollen, die Position von Leuten wie Frau Mi Tzü, weil sie diese von jeder moralischen Verantwortung für das Elend, das sie geschickt zu nutzen verstehen, freisprechen, indem sie behaupten, dass Geschäfte und Moral nichts miteinander zu tun haben. Für das Publikum wirken die Götter in erster Linie komisch. Da sie im Grunde jede Basis einer vernünftigen Argumentation preisgegeben haben, bleiben ihnen nur noch hilflose Drohgebärden: Sie sind verschnupft und entfernen sich schimpfend.

Reaktion der Götter: Forderungen und Emotionen

4. Bild: Platz vor Shen Tes Tabakladen

Kann Shen Te zugleich zu sich selbst und zu anderen gut sein?

Am Morgen kommt Shen Te von Suns Viertel zurück und erzählt dem Publikum, wie sie in ihrer verliebten Stimmung die morgendliche Stadt erfahren hat. Das Rendezvous mit dem Witwer hat Shen Te offensichtlich versäumt, die Miete für den Laden fehlt also nach wie vor. Shen Te jedoch nimmt diese Konfliktsituation im Augenblick gar nicht wahr; sie ist „leichtsinnig heute" und kauft sogar, um sich für Sun schön zu machen, einen Shawl.

Straßenszene: Konfrontation von Kontrasten

Die Straßenszene, nach Brechts eigener Ansicht für das epische Theater in besonderer Weise geeignet, ermöglicht es, Kontraste auf engstem Raum nebeneinanderzustellen. Während sich die Bittsteller vor Shen Tes Ladentür drängen und unwillig auf ihre Rückkehr warten, lässt sich keiner der Armen vor der Barbierstube und dem Teppichladen blicken. Haben die Besitzer kein so ‚gutes Herz' wie Shen Te? Dass Hilfsbereitschaft alleine jedoch rasch zum wirtschaftlichen Ruin führt, wenn man sich nicht auf die Bedingungen einlässt, die der Kampf ums Überleben in Sezuan fordert, konnte der Zuschauer schon beobachten. Besonders gut scheint sich darauf in Shen Tes Viertel der „dicke Barbier" Shu Fu zu verstehen, der es zu auffälligem Wohlstand gebracht hat.

Herr Shu Fu erteilt Wang „eine Lektion"

Zu Beginn der Szene treibt er Wang, der in seinem Barbierladen Wasser feilbieten wollte, vor die Tür und erteilt ihm „eine Lektion", indem er ihm mit der schweren Brennschere so heftig auf die Hand schlägt, dass Wang sie nicht mehr bewegen kann. Scharfsinnig erkennt Herr Shu Fu, dass die Anwesenheit des Hungerleiders Wang in seinem Laden geschäftsschädigend wirken könnte. Denn wie Frau Mi Tzü Armut für unanständig hält, beurteilt auch der Barbier – gewiss in Übereinstimmung mit seiner Kundschaft – den armseligen Wang als „Halunken“, gegen den er sich zur Anwendung von Gewalttätigkeiten berechtigt fühlt. Bescheidener ist der Wohlstand der Teppichhändler, bei denen Shen Te den gebrauchten Shawl kauft. Die Tatsache, dass vor ihrem Laden Bittsteller keine Chance sehen, weist darauf hin, dass sie sich auf die geltenden Normen, die derjenige einhalten muss, der überleben will, einigermaßen verstehen. Dennoch sind sie nicht ohne Mitgefühl. Wohl aus diesem Grund bringen sie der hilfsbereiten Shen Te besondere Sympathie entgegen. Sie bieten ihr an, das fehlende Geld für die Miete zu leihen – zum einen, weil sie den Plan mit der Heiratsannonce missbilligen, zum anderen, weil ihnen die Person Shen Tes die Gewähr zu bieten scheint, dass sie wieder zu ihrem Geld kommen.

Ein Glücksfall: Die Teppichhändler borgen Shen Te Geld

Als Shen Te wieder zu ihrem Laden zurückkehrt, wird sie nicht nur dringend von einer Schar von Bittstellern erwartet; sie erfährt auch, dass Herr Shu Fu Wang mit der Brennschere auf die Hand geschlagen hat. Als sie Wang zum Arzt schicken will, wird ihr entgegengehalten, dass der Wasserverkäufer aus der verletzten Hand mehr Profit ziehen könne, wenn er Herrn Shu Fu verklagt. Doch keiner der Anwesenden will den Vorfall bezeugen, obwohl sie alle gesehen haben, was geschehen ist. So sieht sich Shen Te zu dem Versprechen veranlasst, zu bezeugen, was sie mit eigenen Augen nicht beobachtet hat. Sicher beurteilen diese Menschen ihre Lage richtig, wenn sie sich von ihrer Zeugenschaft vor Gericht wenig versprechen, da ihresgleichen von vornherein als ‚Halunken‘ gelten. Die Resignation, die aus dieser Erfahrung resultiert, bringt die Schwägerin mit den Worten zum Ausdruck:

Passivität der Armen

> „Wir können die Welt nicht ändern.“

Indem sie sich aber von vornherein jede Chance einer möglichen Veränderung absprechen, billigen sie stillschweigend die Gewalt, die einem Mitmenschen zugefügt wurde. So also sieht die Welt aus, die nach der Meinung der Götter erhalten bleiben kann, wie sie ist. Das Stillschweigen dieser Menschen, die Ungerechtigkeiten als unvermeidliches Schicksal hinnehmen, erregt Shen Tes Empörung, die sie, zum Publikum gewendet, in einer Sprache zum Ausdruck bringt, die an die Worte der Propheten im Alten Testament erinnert:

„Wenn in einer Stadt ein Unrecht geschieht,
muß ein Aufruhr sein
Und wo kein Aufruhr ist, da ist es besser,
daß die Stadt untergeht
Durch ein Feuer, bevor es Nacht wird!"

Hoffnung auf ein Gottesgericht

Shen Te protestiert nicht nur gegen das Unrecht, sie spricht zum ersten Mal auch aus, dass etwas dagegen unternommen werden müsse. Zugleich bringt die apokalyptische Vision des Untergangs, mit der sie auf das geschehene Unrecht reagiert, aber auch ihre Hilflosigkeit zum Ausdruck. Die Götter werden kein Feuer vom Himmel auf die Stadt regnen lassen. Der Zuschauer muss sich also fragen, woran es liegt, dass sich die Armen nicht einmal die geringste Hoffnung machen können, einen Zustand zu verändern, der sie nicht nur an die Armut gefesselt hält, sondern ihnen darüber hinaus das Recht verweigert, sich gegen die Reichen, die das Recht auf ihrer Seite haben, zu wehren.

Neue Geldsorgen

Getäuscht hat sich Shen Te auch in dem Glauben, dass ihre eigenen Probleme mit Hilfe der 200 Silberdollar, die sie von den Teppichhändlern erhalten hat, gelöst seien. Schon tauchen neue Schwierigkeiten auf. Suns Mutter erscheint und appelliert an Shen Tes Hilfsbereitschaft: Sun könnte ans Ziel seiner Wünsche gelangen und eine Anstellung als Flieger erhalten, wenn er die nötige Bestechungssumme aufbrächte. Ohne zu überlegen, opfert Shen Te für die Selbstverwirklichung Suns die 200 Silberdollar, die sie eigentlich dringend zur Sicherung der eigenen Existenz benötigte. Doch Sun fehlen noch immer 300 Silberdollar. Wieder zeigt sich, wie sehr die Akteure auf der Bühne, Shen Te eingeschlossen, sich täuschen lassen, wenn sie darauf hoffen, durch Einfälle oder Glücksfälle ihre Situation verändern zu können. Ebenso wenig wie das Geld, das Shen Te von den Göttern erhalten hat, kann die geliehene Summe zur Bewältigung ihrer Probleme dienen. Immer mehr kristallisiert sich für den Zuschauer heraus, dass gerade die kleinen Listen und glücklichen Zufälle nur verdeutlichen, dass dadurch weder Shen Tes Konflikte noch die schlimme Lage ihrer Mitmenschen dauerhaft gebessert werden kann. Um die fehlenden 300 Silberdollar aufzubringen, entschließt sich Shen Te ein zweites Mal, die Maske Shui Tas anzulegen, um mit Hilfe dieser Maske Freundlichkeit zu ermöglichen. In ihren Wunschphantasien, die durch diese Verwandlung in den hartherzigen Geschäftsmann realisiert werden sollen, träumt sie den Geliebten schon hoch in den Wolken, wie er „Den Freunden im fernen Land / Die freundliche Post" überbringt. In Wirklichkeit jedoch bedeutet dieser Entschluss, dass Shen Te unter der Maske in ihrer Person unvereinbare Widersprüche vereinbaren will.

Shui Ta muss erneut helfen

Zwischenspiel vor dem Vorhang

Das Zwischenspiel lässt die Zuschauer zu Zeugen von Shen Tes Verwandlung in Shui Ta werden. Noch während sie „Das Lied von der Wehrlosigkeit der Götter und Guten" singt, verkleidet sie sich. Auf der Reflexionsebene des Songs gelingt es Shen Te, ihre Erfahrungen zu resümieren: Von der Hilflosigkeit der Guten und der Machtlosigkeit der Götter spricht sie noch als Shen Te. Indem sie sich verkleidet und die Rolle des Shui Ta mit einigen Schritten „in seiner Gangart" erprobt, nennt sie die Gründe, die sie zu der erneuten Maskierung zwingen:

> „Die Guten
> Können in unserem Lande nicht lang gut bleiben."

Schon hinter der Maske des Shui Ta richtet sie an die Götter die verzweifelte Frage:

Warum stehen die Götter den Guten nicht bei?

> „Warum stehn sie den Guten nicht bei mit Tanks und
> Kanonen
> Und befehlen: Gebt Feuer! und dulden kein Dulden."

Dass ein veränderndes Eingreifen in den schlechten Zustand der Welt dringend notwendig wäre, bemerkt nun auch Shen Te. Für den Zuschauer ist aber zu diesem Zeitpunkt schon deutlich erkennbar, was Shen Te noch nicht bewusst ist. Wenn sie an die Verantwortung

Die Götter wollen nicht eingreifen

der Götter für die Welt appelliert, wendet sie sich von vornherein an die falsche Instanz. Denn die Götter leugnen beharrlich gegen allen Augenschein, dass zwischen dem moralischen Verhalten der Menschen und dem schlechten Zustand der Welt ein Zusammenhang bestehen könnte. Mit ihrem Interesse an der Erhaltung eines Zustandes, in dem Ungerechtigkeit gegenüber den Armen nicht zufällig, sondern das herrschende Prinzip ist, stellen sie sich aber in Wirklichkeit auf die Seite der Reichen, wie zum Beispiel der Hausbesitzerin oder des Barbiers, die trotz ihres ungerechten Verhaltens das geltende Recht auf ihrer Seite haben. Als einziger Ausweg der Rechtfertigung einer solchen Existenz bleibt ihnen, die inzwischen durch das Bühnengeschehen erwiesene Tatsache zu leugnen, dass die Guten unter den gezeigten Bedingungen nicht lange gut bleiben können.

5. Bild: Der Tabakladen

Der Konflikt zwischen Shen Te und Shui Ta – Selbstverwirklichung contra Selbsterhaltung

Die Tabakvorräte werden für Suns Interessen geopfert

Als Shui Ta empfängt Shen Te im Tabakladen ihren Geliebten Sun, der sich erkundigen will, ob das Geld, das er für die Fliegerstelle benötigt, inzwischen aufgetrieben worden ist. Shen Te hat sich offensichtlich entschlossen, für Suns Selbstverwirklichung als Flieger ihre Existenzgrundlage zu opfern: Shui Ta bietet der Hausbesitzerin Mi Tzü die Tabakvorräte des Ladens zum Kauf an. Im Interesse Shen Tes versucht Shui Ta eine möglichst hohe Summe für den Verkauf des Tabaks herauszuschlagen. Sun jedoch, dem es lediglich darum geht, möglichst rasch an die 300 Silberdollar heranzukommen, die ihm an dem Bestechungsgeld noch fehlen, drängt auf einen raschen Abschluss des Handels. Als sich im Gespräch schließlich herausstellt, dass er gar nicht daran denkt, Shen Te nach Peking, wo er die Fliegerstelle erhalten soll, mitzunehmen, wird klar, dass er nur seine eigenen Interessen im Auge hat und sich nicht einmal darum kümmert, wovon Shen Te leben wird, nachdem sie sowohl die Ladenmiete als auch die Tabakvorräte geopfert hat. Da er sich im Gespräch mit Shui Ta unter Männern fühlt, macht er aus seiner kaltschnäuzigen Verachtung für Shen Tes Gefühle keinen Hehl:

Sun verachtet Shen Tes Gefühle

> „Sie hat keine Vernunft! Dagegen ist sie zeitlebens mißhandelt worden, armes Tier!“

Die angemessene Darstellung der Veränderung, die diese Äußerungen Suns in Shen Te bewirken, hat Brecht selbst als Schwierigkeit empfunden. Er löst sie, indem er die Enttäuschung Shen Tes, nachdem Sun gegangen ist, durch die Gestik Shui Tas zum Ausdruck kommen lässt. Shui Ta „beginnt herumzulaufen wie ein gefangenes Tier“. Dennoch bleibt Shen Te, wenngleich „aufschreiend“, in der Rolle des Shui Ta und bezeichnet aus dessen Sicht Shen Tes Liebe als „Schwäche“, die zur eigenen Vernichtung führt: „[…] und man ist abserviert“.

Shui Ta: Liebe ist Schwäche

Die Verwirklichung des Heiratsplans ist jetzt dringlicher denn je. Die Rettung naht in der Gestalt des Barbiers Shu Fu, nach Auskunft der Shin ein Mann, „der zwölf Häuser besitzt und nur eine einzige und dazu alte Frau“. Dieser Herr zeigt Shui Ta gegenüber großes Interesse an Shen Te. In überschwänglichem Pathos preist er Shen Te wegen ihres sozialen Engagements als „Engel der Vorstädte“. Um ihr zu gefallen (und um seine eigene Wohltätigkeit selbstgefällig zu Schau zu stellen), bietet er seine Häuser hinter dem Viehhof als Obdach für die Armen an. Seine Begeisterung für Shen Tes Nächstenliebe steht in krassem Widerspruch zu der „Lektion“, die er Wang erteilt hat, um ihn künftig von seiner Barbierstube fernzuhalten. Im 7. Bild wird der Zuschauer im Übrigen Gelegenheit erhalten, sein Urteil über Herrn Shu Fus Wohltätigkeit zu vervollständigen, wenn er von dem Zustand erfährt, in dem sich die so großzügig zur Verfügung gestellten Häuser befinden.

Selbstgefällige Wohltätigkeit Shu Fus

Im Gespräch zwischen Shui Ta und Shu Fu wird dann über Shen Tes weitere Zukunft verfügt: Sie soll sich mit dem Barbier verloben. Wie unvereinbar Shui Tas Verhalten mit dem Shen Tes ist, zeigt die Reaktion des Vetters, als Wang auftritt und erwartet, dass sie ihr Versprechen einlösen und bezeugen werde, dass der Barbier seine Hand verletzt hat. In schärfstem Kontrast zu dem Interesse, das Shen Te in der vorangegangenen Szene für diesen Vorfall gezeigt hat, will sie als Shui Ta nichts mehr damit zu tun haben und schickt den Wasserträger fort,

Widerspruch des Verhaltens von Shen Te und Shui Ta

da dem Kalkül Shui Tas eine Zeugenaussage gegen diesen Herrn hinderlich wäre. Als Shui Ta trägt sie also zur Erhaltung des Unrechtszustandes bei, wider den sie als Shen Te das Feuer der Apokalypse auf die Stadt herabgerufen hat.
Im letzten Teil des Bildes setzt erneut eine unerwartete Wende im Handlungsverlauf ein. Sun tritt wieder auf und kann mühelos Shen Te, die in der Zwischenzeit ihre Maske als Shui Ta abgelegt hat, dazu überreden, mit ihm wegzugehen und die geplante Liaison mit Herrn Shu Fu aufzugeben. Shen Te folgt dabei spontan ihren Gefühlen, ohne die möglichen Folgen zu bedenken:

Shen Te folgt ihrem Gefühl

> „Ich will mit dem gehen, den ich liebe.
> Ich will nicht ausrechnen, was es kostet."

Zwischenspiel vor dem Vorhang

Auf dem Weg zu ihrer Hochzeit erklärt Shen Te selbst ihre Handlungsweise widersprüchlich einmal als „Aufruhr der Gefühle", der sie veranlasst habe, sich „Yang Sun wieder in die Arme" zu werfen. Andererseits beruft sie sich auf die Götter, die, wie sie sagt, gewollt haben, dass sie auch gut zu sich selber sein solle. Indem sie vor dem Publikum eine Klärung unternimmt, was sie unter gut zu sein versteht, erinnert sie die Zuschauer zugleich an die von den Göttern aufgestellte Bedingung für ein unverändertes Fortbestehen der Welt:

Kann Shen Te zu sich und anderen gut sein?

> „Keinen verderben zu lassen, auch nicht sich selber
> Jeden mit Glück zu erfüllen, auch sich, das ist gut."

Außerdem teilt sie eine Veränderung der Situation mit, die erneut Aufmerksamkeit für Shen Tes Verhaltensweise fordert: Sie fühlt sich dringend verpflichtet, den Teppichhändlern das geliehene Geld zurückzugeben, da der Mann vor Sorge um die verliehene Summe krank geworden ist. Es ist anzunehmen, dass seine Aufregung schlechten Erfahrungen entspringt. Gute Taten bringen in Sezuan offensichtlich keinen Segen; sie bedrohen vielmehr die eigene Existenz. Shen Tes Vertrauen in Sun ist, allen Erfahrungen zum Trotz, ungebrochen: Sie ist überzeugt, dass er bereit ist, auf die Fliegerstelle zu verzichten, damit die beiden alten Leute ihr Geld zurückerhalten können:

Gibt Sun seine Interessen preis?

> „Er ist nicht schlecht."

Der Zuschauer ist sich da, so wie er bisher Sun erlebt hat, nicht so sicher.

6. Bild: Nebenzimmer eines billigen Restaurants in der Vorstadt

Shen Tes Liebe scheitert an ihrer Nächstenliebe

Im Gegensatz zu Shen Te, die sich zunächst noch der Täuschung hingibt, Sun werde für Shen Tes Akt der Nächstenliebe, die sie hindert, den Rest der Bestechungssumme aufzubringen, Verständnis zeigen, wird der Zuschauer durch ein Gespräch Suns mit seiner Mutter, Frau Yang, zu Beginn der Szene schnell über dessen tatsächliche Reaktion aufgeklärt. Durch Verhandlungen mit dem Vetter will er die fehlende Summe notfalls erpressen:

Hauptperson der Hochzeit: Shui Ta

> „Ihr Vetter wird schnell begreifen, daß der Laden weg ist, wenn ich die 200 nicht mehr herausrücke, weil dann die Gläubiger ihn beschlagnahmen, daß aber auch die Stelle weg ist, wenn ich die 300 nicht noch bekomme."

Die Braut spielt also in dieser Szene von vornherein nur eine Nebenrolle, als Hauptperson wird der Geschäftspartner Shui Ta erwartet. Dieses vergebliche Warten auf den Vetter ist für den Zuschauer nicht ohne Komik, zumal er mehrfach Gelegenheit erhält zu beobachten, wie Frau Yangs unter einer Gefühlsfassade verborgene materielle Interessen durch die Widersprüche zwischen ihren Äußerungen und ihren Gesten entlarvt werden. „Geld ist nicht alles. Es ist eine Liebesheirat!" vertraut sie der Shin an. Welche Rolle – jedenfalls für sie und ihren Sohn – das Geld allerdings bei dieser Angelegenheit spielt, verrät sie, wenn sie hinter Shen Tes Rücken ihrem Sohn signalisiert, dass die erwartete Hauptperson Shui Ta noch immer nicht in Sicht ist. Als Erklärung für die Verzögerung der Hochzeitszeremonie muss ein leicht durchschaubares Pietätsgefühl herhalten, demzufolge Frau Yang angeblich „altmodisch genug" ist, „zu meinen,

Vorgetäuschte Gefühle

Shen Tes Bedürfnisse im Widerstreit

dass ein so naher Verwandter bei der Hochzeit zugegen sein muß". Im Verlauf der Szene wird immer deutlicher, dass sich Shen Te in ihrer Hoffnung getäuscht hat, Sun werde Verständnis für ihre Nächstenliebe aufbringen, auf die Fliegerstelle verzichten und nach der Hochzeit mit ihr in Sezuan leben. In Wirklichkeit machen Sun und seine Mutter die Hochzeit von dem Erscheinen des Geldgebers Shui Ta abhängig. Shen Tes Erklärung „Wo ich bin, kann er nicht sein" bezieht sich zunächst auf die gemeinsame physische Anwesenheit von Shen Te und Shui Ta; sie verweist darüber hinaus auf die Unvereinbarkeit verschiedener Bedürfnisse. Shen Tes Bedürfnis nach Nächstenliebe und Freundlichkeit und der Wunsch nach Selbsterhaltung schließen sich aus. Wollte Shen Te, wie sie es im vorangegangenen Zwischenspiel als Willen der Götter deutet, gut zu sich selbst sein, so dürfte sie in der Welt, die von den Grundsätzen Shui Tas bestimmt wird, kein Mitleid mit dem Teppichhändlerspaar haben.

Warten auf den Sankt Nimmerleinstag

Reflexion des Bühnengeschehens

Ähnlich wie die obdachlose Familie im 1. Bild singt der Bräutigam, nachdem die Hochzeit offensichtlich geplatzt ist, „Das Lied vom Sankt Nimmerleinstag", das vom vergeblichen Warten auf die Umkehr der ungerechten Verhältnisse erzählt. Auch hier soll die vorgebliche Unterhaltung der Überbrückung der peinlichen Situation auf der Bühne dienen. Der Song reflektiert aber zugleich auch das Bühnengeschehen, wo vergeblich auf den ‚Retter' Shui Ta gewartet wurde. Das Lied entlarvt einerseits die fromme Hoffnung auf Rettung am Tag eines künftigen Gerichtes. Der Zuschauer wird sich aber auch fragen müssen, ob der Sänger, der in seinen widersprüchlichen Wunschbildern der Sehnsucht nach einer gerechteren Welt Ausdruck verleiht, ausgerechnet in Shui Ta einen möglichen ‚Retter' erwarten kann.

Zwischenspiel

Wangs Nachtlager

Im Traum berichtet Wang den Göttern, dass Shen Te in ihrer Liebe gescheitert ist, „weil sie die Gebote der Nächstenliebe" eingehalten hat. Auffällig ist, dass der gottesfürchtige Wang, obwohl er die Götter noch immer als „Erleuchtete“ anspricht, in dieser Szene die Rolle eines belehrenden Erzählers einnimmt. Wang spielt den Göttern vor, er lese ihnen aus einem Buch vor, während er in Wirklichkeit eine Parabel über die „Leiden der Brauchbarkeit“ erzählt. Wie Schüler versuchen die Götter, Lehren aus dieser Parabel zu ziehen und werden von Wang als ‚Meister‘ korrigiert.

Parabel von den „Leiden der Brauchbarkeit“

Die Lehre seiner Parabel, die er als Gleichnis für Shen Tes Situation erzählt, lautet:

> „Der Schlechteste ist der Glücklichste.“

Von Wangs Bitte, in die Verhältnisse in Sezuan einzugreifen, wollen die Götter nichts wissen. Sie sind nach ihrer eigenen Aussage „nur Betrachtende“, repräsentieren also gerade jenes „spielerische Denken“ der bürgerlichen Ideologen, das Brecht in seinen philosophischen Schriften angeprangert hat. Angesichts des für die Götter offensichtlich tief beunruhigenden Vorschlags von Wang geben sie, ohne ihre Inkonsequenz zu bemerken, sogar eine der Bedingungen preis, die als Voraussetzung gelten sollte, dass die Welt bleiben kann, wie sie ist: Dass es den guten Menschen auch möglich sein sollte, gut zu leben, ist inzwischen vergessen. Um der Notwendigkeit des Eingreifens zu entkommen, geben sie jetzt dem schlechten Leben einen guten Sinn:

„Spielerisches Denken“ der Götter

> „Leid läutert!“

Im Übrigen scheinen sie aufgrund schlechter Erfahrungen auch vergessen zu haben, dass auf der Erde ‚genügend‘ Menschen gefunden werden sollten, die gut sein und gut leben können. Sie klammern sich an den einen guten Menschen, den sie in Shen Te gefunden haben wollen.

7. Bild: Hof hinter Shen Tes Tabakladen

Shen Tes Nächstenliebe scheitert an der Liebe zu ihrem Kind

Shen Tes Situation zu Anfang des 7. Bildes fasst die Shin lakonisch zusammen:

> „Also alles hin! Kein Mann, kein Tabak, keine Bleibe!"

Sun hat die 200 Silberdollar nicht zurückgegeben, sodass Shen Te, um das Geld an die beiden Alten zurückzuerstatten, ihre Tabakvorräte Frau Mi Tzü überlassen musste.

Shen Te verteidigt Sun

Obwohl Shen Te die Folgen von Suns Verhalten jetzt bitter am eigenen Leibe zu fühlen bekommt, wendet sie gegen die Vorwürfe der Shin in einer auffällig schlichten, fast unbeholfenen Formulierung ein: „Es kommt alles von der Not". Wie bei ihren ‚Gästen' im 1. Bild führt sie Suns Schlechtigkeit auf die elenden Umstände, in denen er zu leben gezwungen ist, zurück. Die Chance, die ein Blankoscheck bietet, mit dem Herr Shu Fu in unmissverständlicher Absicht seine Zuneigung erneut bekundet, nimmt Shen Te nicht wahr.

Vorfreude auf das Kind

Die Entdeckung, dass sie von Sun ein Kind erwartet, lässt Shen Te ihre augenblickliche Situation, jedoch nicht ihre Fürsorge für Wangs verletzte Hand vergessen. Ihre Grundüberzeugung spricht sie in einer Wendung zum Publikum noch einmal deutlich aus:

> „Den Mitmenschen zu treten
> Ist es nicht anstrengend? Die Stirnader
> Schwillt ihnen an, vor Mühe, gierig zu sein."

Shen Tes Abneigung gegen die ‚Maske des Bösen'

Mühelos ist es hingegen für Shen Te, den Mitmenschen freundlich zu begegnen:

> „Wie angenehm
> Ist es doch freundlich zu sein! Ein gutes Wort
> Entschlüpft wie ein wohliger Seufzer".

Auf diesem Hintergrund wird die Bedeutung des Entschlusses, den Shen Te in diesem Bild fasst, erst richtig deutlich. Sie beobachtet, wie ein Kind, das Wang mitgebracht hat, aus Hunger nach Speiseresten im Kehrichteimer fischt. Dieser Anblick bewirkt in Shen Te eine völlige Wandlung. Um ihr Kind vor einem solchen Los zu

bewahren, beschließt sie, noch einmal die anstrengende Maske des Bösen anzunehmen, will „Tiger und wildes Tier“ gegenüber allen anderen Menschen werden.
Als Shui Ta lässt sie die Ballen mit Rohtabak, die ihre einstigen Wirtsleute ihr aus Furcht vor der Polizei zur Aufbewahrung aufgedrängt haben, in die Baracken des Herrn Shu Fu bringen, denn:

Verwandlung in Shui Ta aus Liebe zu dem Kind

> „Die Speisungen ohne Gegendienst werden aufhören. Statt dessen wird jedermann Gelegenheit gegeben werden, sich auf ehrliche Weise wieder emporzuarbeiten.“

Die Besitzansprüche, welche die Besitzer des Rohtabaks anmelden, ignoriert Shui Ta eiskalt. Shui Ta macht auch von dem Blankoscheck des Herrn Shu Fu Gebrauch. So verschafft er sich im Handstreich die Voraussetzungen für die Gründung einer Tabakfabrik, die als Existenzgrundlage für Shen Tes ungeborenes Kind dienen soll: Mit den Tabakballen eignet er sich den Rohstoff an; mit Hilfe des Blankoschecks verschafft er sich ein Startkapital; die große Zahl der Armen und Obdachlosen nutzt er als billige Arbeitskräfte; die Baracken, die Herr Shu Fu als Obdach für die Armen angeboten hat, werden als Produktionsstätte benutzt. Gegen alle Zweifel an den von ihm hergestellten Besitzverhältnissen beruft er sich auf die Polizei, die ihm, wie sich gezeigt hat, wohlgesonnen ist. Die Methoden, mit denen Herr Shui Ta zu Werke geht, lassen den Armen nur eine Wahl: Entweder nehmen sie die Arbeitsbedingungen, in die Shui Ta sie im Interesse seiner Zwecke zwingt, widerspruchslos an, oder dieser lässt sie erbarmungslos verhungern. Kein Wunder, dass auch Wang endgültig die Hoffnung aufgeben muss, Hilfe für seine zerschlagene Hand zu finden.

Die Gründung der Fabrik mit Hilfe von Rohstoff, Kapital und billigen Arbeitskräften

Zwischenspiel

Wangs Nachtlager

Wie schon im vorangegangenen Zwischenspiel erzählt Wang den Göttern eine Parabel, die er diesmal als Traum verfremdet. Shen Te will „an der Stelle, wo die Selbstmörder gefunden werden“, den Ballen der Vorschriften

Parabel vom selbstmörderischen Verhalten der ‚Guten‘

unbeschädigt ans andere Ufer bringen. Wer wie Shen Te die Gebote der Götter, die doch das Leben der Menschen besser machen sollten, einhalten will, verhält sich selbstmörderisch. Wang berichtet den Göttern also in Parabelform, was der Zuschauer am Bühnengeschehen des 7. Bildes beobachten konnte. Die Lehre, die aus dieser Parabel zu ziehen wäre, zieht der ‚Lehrmeister' Wang jedoch nicht. Noch immer anerkennt er die Götter als absolute Autoritäten, indem er sie um eine „Erleichterung des Ballens der Vorschriften" bittet. Dass der Widerspruch zwischen dem Anspruch, den die Götter mit ihren Geboten erheben, und deren tödlicher Wirkung im konkreten Lebenszusammenhang Shen Tes ihren unbedingten Gültigkeitsanspruch logisch aufhebt, begreift Wang nicht. In sich widersprüchlich ist, wie sich schon gezeigt hat, dieser Anspruch auf überzeitliche Gültigkeit insofern, als die Götter damit ein sehr ‚menschliches' Interesse verfolgen: Sie wollen ihre Ruhe haben, deshalb soll alles beim Alten bleiben. Es soll also nach dem Willen der Götter ein Zustand erhalten bleiben, der für die ‚Guten' wie Shen Te im Letzten tödlich ist, den Interessen der Reichen und Mächtigen wie Shui Ta aber nützt. Die scheinbar interesselosen Götter bekräftigen damit den konkreten Zustand der Ungerechtigkeit.

8. Bild: Shui Tas Tabakfabrik

Der Zusammenhang von ökonomischen Grundbedingungen und herrschenden Wertvorstellungen

Rückblende: Frau Yang erzählt

Die Bühnengeschehnisse dieser Szene werden aus dem beschränkten Blickwinkel von Frau Yang vermittelt. Sie erzählt, wie ihr Sohn mit Shui Tas Hilfe von einem Taugenichts zum Aufseher in der Tabakfabrik aufgestiegen ist. Wie wir es von den Mitteln des Films kennen, werden einzelne Szenen aus Suns Alltag in der Fabrik in die Erzählung eingeblendet. Damit ermöglicht es Brecht dem Zuschauer, Frau Yangs Beurteilung der Ereignisse mit dem ausschnitthaft dargestellten Geschehen zu vergleichen und sich von deren Standpunkt zu distanzieren. Eine erste szenische Rückblende zeigt, wie Sun von Shui Ta wegen Bruch des Heiratsversprechens und Erschleichung von 200 Silberdollar angeklagt wurde. Im Gegensatz zu Shen Te hat Shui Ta die Gerichte auf seiner Seite. So blieb, wie Frau Yang resümierend mitteilt, Sun nur die Wahl zwischen „Kittchen oder Fabrik". In dieser Zwangslage vermochte er sich rasch von seinem Traumberuf zu trennen und entschied sich für die Fabrik.

Sun wird Fabrikarbeiter

Zwei Vorfälle kommen Sun bei seinem Aufstieg zum Aufseher zugute. Beide werden wieder szenisch in die Erzählung eingeblendet. Einmal ergreift er die Gelegenheit, vor den Augen Shui Tas dem Schreiner Lin To, der nun auch gezwungen ist, in der Fabrik zu arbeiten, einen Ballen Tabak abzunehmen. Gerade in diesem Zusammenhang kann das Publikum beobachten, wie innerhalb der bestehenden ungerechten Verhältnisse menschliches Verhalten pervertiert wird. Der Schreiner fühlt sich durch die Hilfe, die ihm geboten wird, an Shen Te erinnert:

> „Ja, wenn sie da wäre, würdest du gleich einen Stein im Brett haben, wenn sie sähe, daß du einem alten Mann so zur Hand gehst."

Suns ‚guter Wille'

Nur scheinbar hat es sich aber um eine hilfsbereite Tat Suns gehandelt, dieser benutzt vielmehr ‚gutes' Handeln als Mittel für seinen Aufstieg in der Fabrik. Denn Shui Ta kann Suns Verhalten, das er als ‚guten Willen' moralisch aufwertet, als Vorwand nutzen, seinen Arbeitern in Zukunft noch mehr Arbeit abzupressen. So muss der Schreiner, dem es nicht am guten Willen, sondern an Körperkräften fehlt, jetzt drei anstelle von zwei Ballen schleppen. Als Maßstab guten Verhaltens, das belohnt wird, gilt also, was Shui Ta Nutzen bringt.

Die zweite Gelegenheit, seine Eignung für eine gehobene Position zu beweisen, bietet sich Sun bei der Lohnauszahlung. „Heuchlerisch", wie es in der Regieanweisung heißt, macht Sun den Aufseher darauf aufmerksam, dass er ihm mehr Lohn auszahlen will, als ihm zusteht. In diesem Falle macht sich Suns ‚Tugend' der Ehrlichkeit, die er vor den Augen Shui Tas in Szene setzt, bezahlt. Als er dem Tabakfabrikanten außerdem verrät, dass der bisherige Aufseher Kontakte mit den Arbeitern unterhält, hat er sich den Posten eines Aufsehers ‚verdient'. Bei dieser Arbeit, die Frau Yang als „Erfüllung seiner Pflicht"

Tugend, die sich auszahlt

bewertet und damit Shui Tas Interessen zum Maßstab ihrer eigenen Moralvorstellungen erhebt, wird Sun dem Publikum ein viertes Mal vorgeführt.

Sun als Aufseher

Die Arbeiter singen das „Lied vom achten Elefanten", der von seinem Herrn dazu benutzt wird, die Arbeitselefanten anzutreiben. Die Privilegien, die der Antreiber genießt, dienen nur den Interessen des Herrn, die er vertritt. So wird er zum Verräter an den anderen. Die Arbeiter kritisieren Suns Verhalten in dem Lied, er aber singt schließlich sogar mit und beschleunigt mit Hilfe des Rhythmus durch „Händeklatschen" das Arbeitstempo. Frau Yang hält diesen Posten für ‚ehrliche Arbeit', eine Bewertung, deren Fragwürdigkeit der Zuschauer erkennen kann. „Durch Weisheit und Strenge", so urteilt sie, habe Herr Shui Ta aus Sun alles Gute herausgeholt, das in ihm steckt.

Grundlagen des Kapitalismus

Das 8. Bild gibt dem Zuschauer eine präzise Antwort auf die Frage, was die Ursache der schlechten Verhältnisse in Sezuan ist und warum die Armen keine Chance sehen können, aus ihrer Armut herauszukommen. Shui Ta hat den Blankoscheck Shu Fus benutzt, um Kapital zu bekommen, und sich den im Tabakladen Shen Tes untergestellten Rohtabak der achtköpfigen Familie angeeignet. Der Besitz von Rohstoff und Kapital ermöglicht es ihm, aus der Armut der Menschen in Sezuan Profit zu ziehen, da diese sich gezwungen sehen, ihre Arbeitskraft billig zur Verfügung zu stellen. Weil sie jede Möglichkeit nutzen müssen, etwas zu verdienen, kann Shui Ta die Bedingungen diktieren. Außerdem genießt er die Unterstützung der Gerichte. Aufsteigen wie Sun kann nur derjenige, der die Interessen Shui Tas unterstützt. In einem Zusammenhang, in dem die Berufung auf die Moral nur dann einen Sinn hat, wenn es den Interessen Shui Tas nutzt, kann die Berufung auf überzeitlich gültige Gebote letztlich auch nur der Stärkung seiner Macht dienen, indem sie seine egoistischen Interessen auch noch verabsolutiert und verewigt. In dieser Szene wird also deutlich, dass das ‚böse' Verhalten Shui Tas kein individuelles ist, sondern vielmehr auf der Basis wirtschaftlicher Bedingungen, in diesem Falle der Tabakfabrik, ein System begründet, in dem Menschlichkeit als Mittel zum Zweck pervertiert wird.

9. Bild: Shen Tes Tabakladen

Die Unvereinbarkeit von Shen Te und Shui Ta

Es wird immer schwieriger, das lange Fernbleiben von Shen Te zu erklären. Ihre Anwesenheit halten die Menschen im Viertel durch Handlungsweisen für bestätigt, die sie Shui Ta nie zutrauen würden. Reisspenden und vor allem die Rückzahlung von Shen Tes Schulden an die Teppichhändler werden als Zeichen dafür angesehen, dass Shen Te auf unerklärliche Weise anwesend sein muss, obwohl sie nirgends zu entdecken ist. Handelt es sich vielleicht sogar um ein Verbrechen Shui Tas? Trotz der Hilfe der Shin, die sich ihre Verschwiegenheit als einzige Mitwisserin der Identität von Shen Te und Shui Ta teuer bezahlen lässt, wird die Lage aufgrund von Shen Tes Schwangerschaft immer komplizierter. Doch auch äußere Ereignisse führen schließlich dazu, dass der Schwindel der Doppelrolle ans Licht kommt. Vor allem Wang schürt durch seine beharrlichen Fragen nach Shen Te den aufkommenden Verdacht. Durch ihn erfährt Sun, dass Shen Te schwanger ist. Erwachende Vatergefühle veranlassen nun auch ihn zu Vermutungen und schärferen Beobachtungen, um eine Spur von Shen Te zu entdecken. Ein Schluchzen, das er aus dem Nebenzimmer von Shen Tes Tabakladen vernimmt, erregt seine Aufmerksamkeit, bleibt aber schließlich unerklärlich.

Shen Te verrät sich – Shui Ta gerät in Verdacht

Frau Shin als Mitwisserin

Wang sucht nach Shen Te

Sun schöpft Verdacht

Sun versucht nun, die Situation zu seinen Gunsten auszunutzen, und erpresst Shui Ta: Dieser soll ihm die Leitung der Fabrik übertragen; andernfalls will er Schritte unternehmen, um Shen Tes Verschwinden aufzuklären. Als Shui Ta sich weigert, verlässt er die Szene, um die Polizei aufzusuchen.

Nun treten die Hausbesitzerin Mi Tzü und der Barbier Shu Fu auf; auch Shu Fu erkundigt sich dringend nach dem Verbleib von Shen Te, zumal er, ohne dass das erhoffte Rendezvous mit Shen Te zustande gekommen ist, wieder zur Kasse gebeten werden soll: Um weitere Schwierigkeiten mit der Polizei zu vermeiden, braucht Shui Ta Geld, damit er seinen Arbeitern bessere Arbeitsräume zur Verfügung stellen kann. Gerade als die Geschäftsverhandlungen vor dem Abschluss stehen, betreten Wang und Sun, die den Polizisten verständigt

Shu Fu wird ungeduldig

haben, den Laden. Zwar versuchen Herr Shu Fu und Frau Mi Tzü, den Fabrikbesitzer zu entlasten. Doch ein Bündel mit Kleidern Shen Tes, das Sun im Laden entdeckt, erhärtet den Verdacht, dass Shui Ta ein Verbrechen begangen haben könnte. Shui Ta muss dem Polizisten zur Wache folgen.

Verhaftung Shui Tas

Zwischenspiel

Wangs Nachtlager

Wang berichtet den Göttern ein letztes Mal über Shen Tes Geschick. Der Vetter hat „alles an sich gerissen" und hält Shen Te, so will Wang es im Traum erfahren haben, gefangen. Doch auch die Götter selbst haben üble Erfahrungen gemacht. Die Anzeichen „mannigfaltiger böser Erlebnisse" haben ihnen inzwischen das propere Aussehen, an dem sie Wang im Vorspiel zu erkennen glaubte, geraubt. Völlig abgerissene Figuren betreten die Bühne. Sie haben auf ihrer Erdenwanderschaft Erfahrungen gemacht, die denen Shen Tes gleich sind: „Unsere Gebote", so äußert der dritte Gott, „scheinen tödlich zu sein". Denn die Welt ist in einem miserablen Zustand; sie ist, wie der dritte Gott zugibt, „unbewohnbar".

Die Welt ist „unbewohnbar"

Doch auch jetzt ziehen die Götter ein veränderndes Eingreifen immer noch nicht in Betracht; trotz aller Missstände, die sie am eigenen Leibe erfahren haben, halten sie an ihrem egoistischen Interesse fest, dass alles beim Alten bleiben soll. Mit diesem stillschweigenden Eingeständnis, dass ihnen letztlich das Wohl der Menschen gleichgültig ist, sprechen diese Götter sich selbst den Anspruch ab, als moralische Autorität über das Leben der Menschen zu richten. Statt Veränderungen auch nur zu erwägen, beschließen sie, den einen guten Menschen, den sie während ihrer Erdenwanderung getroffen haben, die verschwundene Shen Te, unter allen Umständen zu finden.

Die Götter verlieren jede moralische Autorität

10. Bild: Gerichtslokal

Shen Te ist Shui Ta

In Sezuan findet nun der Prozess gegen Shui Ta statt, der Aufschluss über das Verbleiben Shen Tes geben soll. Den Vorsitz führen die Götter, die sich das Richteramt durch gefälschte Zertifikate erschwindelt haben – vermutlich hoffen sie, in dieser Rolle die Suche nach Shen Te besonders wirkungsvoll betreiben zu können.

Die Götter in der Richterrolle

Dass es überhaupt zur Fälschung der Richterzertifikate kommen kann, zeigt, wie es in Sezuan um die Gerechtigkeit der Gerichte steht. Die Zeugenaussagen des Polizisten und der Wohlhabenden, des Barbiers und der Hausbesitzerin, lassen zudem erkennen, an welchen Gesichtspunkten sich die Rechtsprechung in Sezuan orientiert. Die Zeugenaussagen der wohlhabenden und deshalb angesehenen Leute gelten – so wird im Prozessverlauf deutlich – von vornherein mehr als das, was der „Abschaum des Viertels“ vorzubringen hat. Dem positiven Bild, das seine Freunde von Shui Ta entwerfen, widersprechen die Armen energisch. Mit ihren Vorwürfen, in denen sie noch einmal alle bisher von Shui Ta gezeigten unbarmherzigen Verhaltensweisen aufdecken, treiben sie ihn zusehends in die Enge. Schließlich sieht Shen Te keinen anderen Ausweg mehr, als die volle Wahrheit zu bekennen. Sie bittet die Richter, in denen sie von Anfang an die Götter erkannt hatte, den Saal räumen zu lassen. Nachdem sie Maske und Verkleidung von sich geworfen hat, legt sie vor den Göttern wie schon einmal im Vorspiel ein ‚Bekenntnis‘ ab, in dem sie das Fazit ihrer Erfahrungen, die dem Publikum längst bekannt sind, zieht:

Der Prozess

Shui Ta wird in die Enge getrieben

> „Gut zu sein und doch zu leben
> Zerriß mich wie ein Blitz in zwei Hälften.“

Shen Te ist Shui Ta

Damit präzisiert sie ihre seit dem 5. Bild sich an unterschiedlichen Konflikten herauskristallisierende Erfahrung: Die bestehenden Verhältnisse lassen nicht nur Liebe zu sich selbst und Nächstenliebe zu unvereinbaren Widersprüchen werden, Nächstenliebe führt vielmehr zur Vernichtung des eigenen Lebens, sie ist selbstmörderisch. Deshalb zieht Shen Te in ihrem ‚Bekenntnis‘ den

Schluss: „Etwas muß falsch sein an eurer Welt“ – an einer Welt, in der sie sich gezwungen sah, um ihre Nächstenliebe, ihre Liebe zu dem Geliebten und zu ihrem Kind zu verwirklichen, die Maske des Bösen anzunehmen.
Mit ihrer Reaktion auf dieses ‚Geständnis‘ – der erste Gott verkündet mit einem Hammerschlag, dass alles in Ordnung sei – geben die Götter die Basis rationaler Argumentation preis und demonstrieren durch diese Geste, dass sie um jeden Preis ihr Interesse an einer Aufrechterhaltung des bestehenden Zustandes durchsetzen wollen.

Selbstpreisgabe der Götter

Indem sie Shen Tes Verhalten in der Rolle des Shui Ta als „Mißverständnis“ entschuldigen, heben sie den moralischen Anspruch ihrer Gebote auf unbedingte Gültigkeit selbst auf. Zudem haben sie sich durch Bestechung ein Richteramt erschlichen, das sie zu Repräsentanten und Verteidigern von Verhältnissen macht, in denen das Recht von vornherein auf der Seite der Reichen und Mächtigen steht. Dass diese Götter, die durch ihr Verhalten selbst schon ihre Nichtigkeit offenkundig gemacht haben, nicht wie der Gott antiker Tragödien als rettender *deus ex machina* eingreifen, sondern, nachdem sie in erneutem logischem Salto mortale Shen Te ermahnt haben, „nur gut zu sein“, auf dass alles gut werde, als lächerliche Theaterpopanze „ins Nichts“ verschwinden, ist nur konsequent. Sie lassen den guten Menschen hilflos in seiner Verzweiflung in einer mörderischen Wirklichkeit zurück.

Epilog

Das Publikum übernimmt die Richterrolle

Wo die Götter als Richter derart versagen, sieht sich das Publikum vor die Aufgabe gestellt, ihre Aufgabe zu übernehmen und den vorgeführten Fall zu beurteilen.
Im Epilog weist ein Schauspieler das Publikum ausdrücklich auf die Aufgabe hin, dass die Lösung von ihm selbst gefunden werden muss. Dabei versucht er in einem eindringlichen Appell, die Resignation als Möglichkeit auszuschließen:

> „Es muß ein guter da sein, muß, muß, muß!“

Wenn davon die Rede ist, dass „alle Fragen offen“ seien, so kann dies nicht bedeuten, dass Brecht die Zuschauer auffordern will, dass nun ein jeder, so als sei nichts geschehen, nach Hause gehen und sich seinen beliebigen Gedanken über den Zustand der Welt hingeben solle. Zutreffend ist, dass auf der Bühne keine bessere Welt als Lösung vorgeführt worden ist. Der Zuschauer, der sich auf die durch das Bühnengeschehen angeregte Denkbewegung eingelassen hat, wird sich aber bei seinem Lösungsversuch keinen vagen Spekulationen hingeben können, vielmehr folgende anhand der Bühnenereignisse gewonnene Einsichten berücksichtigen müssen:

1. Die Ansprüche der Götter auf absolute moralische Autorität und überzeitliche Erhabenheit über alle menschlichen Interessen sind im Stück relativiert worden. Die Götter vertreten ausgesprochen menschliche Interessen, die auf Erhaltung des bestehenden Zustandes der Welt gerichtet sind. Mit diesen Interessen machen sich die Götter zugleich zu Vertretern der Interessen der Reichen und Mächtigen.
2. Die Gebote der Götter erweisen sich in der Praxis als schädlich für die Menschen. Innerhalb der herrschenden Verhältnisse stehen die Gebote der Nächstenliebe im Widerspruch zur Erhaltung des eigenen Lebens. Gut zu sein ist für Shen Te, solange sie sich nicht als Shui Ta an die in Sezuan geltenden Normen hält, ein natürliches Bedürfnis nach sozialem Verhalten, das ursprünglich nicht im Gegensatz zur Liebe zum eigenen Selbst und dessen Erhaltung steht. Erst die herrschenden Verhältnisse erzwingen, dass Selbsterhaltung nur als menschenfeindliches Verhalten im Widerspruch zu den natürlichen sozialen Bedürfnissen zu erreichen ist. Diese Verhältnisse erzwingen die anstrengende ‚Maske des Bösen': Sie setzen Shen Te, den ‚guten' Menschen, in Zwiespalt zu seiner Neigung zur Freundlichkeit, zerreißen ihn „wie ein Blitz in zwei Hälften". Die Verwirklichung von Nächstenliebe, Liebe zwischen den Geschlechtern und Kindesliebe, die alle in einem einzigen sozialen Bedürfnis nach „Freundlichkeit" ihre Wurzel haben, werden im Individuum in konkurrierende Interessen aufgespalten, die sich gegenseitig ausschließen.
3. Die schlechten gesellschaftlichen Verhältnisse sind nicht das Produkt eines individuellen oder kollek-

tiven ‚bösen Willens'. Wie das 8. Bild zeigt, hat der Missbrauch des Mitmenschen als Mittel zum Zweck seinen Ursprung in den ökonomischen Verhältnissen. Erst die Verfügung über Rohstoff und Kapital ermöglicht es Shui Ta, die Armen seinen Zwecken bedingungslos zu unterwerfen, sie zu Instrumenten seiner eigenen Interessen zu machen und diese Interessen als obersten Wertmaßstab zu verabsolutieren. Ein Prinzip, das dann zur gesellschaftlichen Norm verallgemeinert lautet: Der oberste Wert ist, was dem menschenfeindlichen Prinzip der Selbsterhaltung um jeden Preis nützt. Dieses Prinzip festigt wiederum Shui Tas von Gesetz und Ordnung gestützte Macht, da, wie an Suns Aufstieg ersichtlich, nur der Vorteile erhoffen kann, der sich um Shui Tas Vorteil verdient macht. Unter diesen Voraussetzungen stellt Brecht die Denkaufgabe:

> „Verehrtes Publikum, los, such dir selbst den Schluß
> Es muß ein guter da sein, muß, muß, muß!"

Zur Thematik: Der „gute Mensch" und die Rolle der Götter

Die Thematik des „guten Menschen" in der Aufklärung

Brecht als Aufklärer

Brechts Aufforderung zu kritischem Denken lässt sich aus der Tradition der Aufklärung, insbesondere der marxistischen Aufklärung heraus verstehen. In diese Tradition gehört auch das Thema des „guten Menschen". Da ihm weder die Charakterisierung des guten Menschen noch die philosophische Begründung, welche die traditionelle Aufklärung dafür gibt, sachgemäß erscheint, grenzt er sich von dieser kritisch ab (vgl. hierzu S. 50f.).

Dualistisches Menschenbild der traditionellen Aufklärung

Die traditionelle Aufklärung geht von einem dualistischen Menschenbild aus: Sie versteht den Menschen als Sinnenwesen, das von Natur aus Bedürfnisse und Neigungen entwickelt, dessen wahre Bestimmung jedoch in der Verwirklichung seiner von Sinnlichkeit freien Vernunftnatur liegt. Diese bestimmt den Menschen dazu, mit anderen „in einer Gesellschaft" zu leben und sich in dieser „durch Kunst und Wissenschaft *zu kultivieren, zu zivilisieren und zu moralisieren*" (Kant, *Werke*, 1964, Bd. 6, B 319; A 321, S. 678). Mit der Gesellschaft, von der Kant hier spricht, ist zunächst die bürgerliche, schließlich die weltbürgerliche Gesellschaft gemeint, die, wie Lessing seinen Nathan in der Ringparabel andeuten lässt, aufgrund der Vorsehung, die das Werk eines weisen Schöpfers ist, verwirklicht werden kann. Die doppelte Bestimmung der Natur des Menschen verursacht in diesem einen Konflikt zwischen seiner Selbstliebe und seiner sozial-moralischen Bestimmung. Er vermag es jedoch, seine eigentliche Bestimmung als Vernunftwesen zu realisieren, wenn er Triebe und Neigungen bezwingt und sein Verhalten nach allgemeinen Prinzipien ausrichtet, die für alle Menschen in gleicher Weise überzeitliche Gültigkeit haben. Ein solches Verhalten kann vom Menschen gefordert werden;

Verwirklichung des Wesens in der Vernunftnatur

Voraussetzung der Willensfreiheit

denn gerade die Vernunft, die den Menschen vor den Tieren auszeichnet, ermöglicht es ja dem Individuum, sein Handeln autonom, das heißt aufgrund freier Willensentscheidung, zu bestimmen. Dem Einzelnen steht es demnach frei, das Gute zu wollen und sich dementsprechend zu verhalten. Kant gilt, unabhängig davon, welches Ergebnis das Verhalten eines Menschen in seiner konkreten Situation bewirkt, allein der ‚gute Wille' als Kriterium moralisch richtigen Verhaltens (vgl. Kant, *Werke*, 1956, Bd. 4, BA 1, S. 14).

Kants Kriterium der Moral: der gute Wille

Erziehung zur Humanität bei Lessing und Goethe

Das Thema des guten Menschen wurde auch von der Dichtung der Aufklärung und der Klassik aufgegriffen. Lessing versteht sein dramatisches Gedicht *Nathan der Weise* ebenso wie Goethe sein Drama *Iphigenie auf Tauris* als Beitrag zu einer Erziehung des Menschengeschlechts zur Humanität, das heißt zu voller Entfaltung aller in ihm angelegten intellektuellen, künstlerisch-kreativen und moralischen Fähigkeiten. Mit ihrer erzieherischen Absicht übernehmen Lessing und Goethe auch die anthropologischen Voraussetzungen der Aufklärung, die den Menschen nicht nur für erziehbar, sondern auch für erziehungsbedürftig hält. Erziehung bedeutet für sie in Anknüpfung an die Philosophie der Aufklärung nichts anderes, als den Menschen zu dem zu machen, wozu er aufgrund seines vernünftigen Wesens bestimmt ist.

Erziehungsziel: Veränderung des inneren Menschen

Der in Lessings dramatischem Gedicht *Nathan der Weise* auf der Bühne beispielhaft vorgeführte Erziehungsprozess bewirkt bei dem Tempelherrn und beim Sultan aufgrund besserer Einsicht die Befreiung von unvernünftigen Vorurteilen. Erziehung richtet sich bei dem Aufklärer Lessing also primär auf eine Veränderung der inneren Einstellung, die schließlich sogar durch das von der Vorsehung bewirkte gute Ende ‚belohnt' wird. Was der Mensch durch Erziehung erreichen kann, ist eine Veränderung seines Innern. Eine Veränderung der äußeren Umstände ist dadurch zwar einstweilen nicht zu erlangen, schwebt aber als Utopie vor; erreicht kann der utopische Endzustand dann werden, wenn genügend Menschen sich zum vollen Menschsein gebildet haben. In der Realität bleibt dem Menschen nur die Hoffnung auf die weise Lenkung der Welt durch einen gütigen Gott, der in einem künftigen Gericht die Guten belohnen und die Schlechten bestrafen wird.

Besonders deutlich zeigt sich die Verinnerlichung der Moral an Goethes Iphigenie. Ihr gibt das „Herz" eine verlässliche Orientierung für richtiges Handeln. Als oberste sittliche Instanz tritt es bei Goethe an die Stelle, die in seiner griechischen Vorlage die Verhängnis stiftenden und rächenden Götter des Mythos eingenommen haben. Denn Iphigenie sagt von ihnen: „Sie reden nur durch unser Herz zu uns" (Goethe, *Iphigenie auf Tauris* I,3). Als Verkörperung des klassischen Humanitätsideals erhält Iphigenie den Impuls zu moralischem Handeln nicht aufgrund der Gebote äußerer Mächte und Gewalten, sondern aufgrund der freien Entscheidung ihres ‚Herzens'.

Das „Herz" als oberste sittliche Instanz

Der „gute Mensch" bei Brecht

Mit der traditionellen Aufklärung teilt Brecht die Auffassung, dass der Mensch sowohl erziehbar ist als auch Erziehung benötigt. Über seinen Appell zu kritischem Denken hinaus verbindet ihn mit dieser Tradition die Vorstellung einer grundsätzlich notwendigen Verbesserung der menschlichen Gesellschaft.

Gemeinsamkeit von Brecht und der traditionellen Aufklärung

Grundsätzlich unterscheidet sich Brechts Menschenbild von der traditionellen Aufklärung; während jene in erster Linie den Einzelnen im Blickfeld hatte, rückt Brecht die Gesellschaft in den Mittelpunkt. Bei Brecht hat sich die Fragestellung entscheidend verschoben. Fragte sich die traditionelle Aufklärung noch, zu welchem Ideal hin der Mensch gebildet werden müsste, so ist Brechts Ausgangspunkt die Frage: Kann der Mensch innerhalb der herrschenden gesellschaftlichen Verhältnisse überhaupt gut sein?

Unterschiede zwischen Brecht und der Aufklärung

Im Anschluss an Marx versteht Brecht den Menschen als sinnlich-historisches und vergesellschaftetes Wesen, sein „Denken als gesellschaftliches Verhalten" (Brecht, *Politik und Gesellschaft*, S. 168), das innerhalb eines objektiven geschichtlichen Prozesses steht, der aufgrund historischer Gegebenheiten das Wesen des Menschen bedingt und seine Handlungsmöglichkeiten einerseits einschränkt, andererseits aber aufgrund von weitertreibenden Widersprüchen Möglichkeiten der Veränderung (sowohl der Verhältnisse als auch der Menschen) eröffnet. Dementsprechend heißt Leben für Brecht, „die

Brechts Menschenbild

Der Mensch als sinnlich-historisches Wesen – Denken als Verhalten

Prozesse organisieren, denen er [d. h. der Mensch] unterworfen ist“ (ebd., S. 144). Brecht übernimmt dazu die Dialektik als Methode des Denkens, die Marx grundsätzlich anders als die philosophische Tradition bestimmt, indem er mit ihrer Hilfe nicht mehr ewig gültige Wahrheit, sondern für bestimmte historische Verhältnisse gültige Erkenntnisse gewinnen will. Um Ansatzpunkte für ein den historischen Bedingungen angemessenes eingreifendes Denken und Handeln herauszufinden, muss der Dramatiker die Widersprüche der bestehenden Gesellschaft herausarbeiten und den Zusammenhang zwischen den ökonomischen Grundbedingungen der Zeit und Klasseninteressen, die zu Klassenkämpfen führen, aufdecken.

Denken ist interessengebunden

Im Gegensatz zur traditionellen Aufklärung ist für Brecht Denken an Interessen gebunden. Diese sind für ihn sogar notwendig, „um zu erkennen“ (*Politik und Gesellschaft*, S. 145). Aus diesem Grunde kann eine Erziehung für ihn nur dann gut sein, wenn sie das Interesse verfolgt, sich „zunächst auf solche Eigenschaften“ zu richten, „welche gute Lebensbedingungen schaffen“ (ebd., S. 84).

Erziehung zur Gesellschaftsveränderung

Indem Brecht die materiellen Bedingtheiten, welche die Menschen in konkreten Lebenszusammenhängen daran hindern, ‚gut zu sein‘, in den Blick bringt, geht er über die traditionelle Aufklärung hinaus. Die These von der Willensfreiheit des Menschen kann nach der Entdeckung der Psychoanalyse durch Freud nicht mehr uneingeschränkt hingenommen werden. Für Brecht ist der von Kant vorausgesetzte freie Wille eine „kapitalistische Erfindung“ (ebd., S. 10). Sie dient nach Brecht als Grundlage der angeblich interessefreien Theorien vieler bürgerlicher Theoretiker, die allein wegen ihres Interesses an einer Bewahrung der herrschenden Ordnung die materiellen Verhältnisse, welche die Menschen in Wirklichkeit bedingen, ignorieren.

Kritik Freuds und Brechts an der Voraussetzung des freien Willens

Gut handeln kann der Mensch nach Brecht nur dann, wenn er gesellschaftliche Verhältnisse produziert, die es ihm ermöglichen, eine ‚gute‘, das Leben fördernde, herrschaftsfreie alltägliche Praxis zu entwickeln. Zu diesem Zweck hält Brecht im Gegensatz zu den Forderungen der traditionellen Aufklärung eine Unterdrückung der sinnlichen Bedürfnisse des Menschen nicht für notwendig: Sittlich gutes Verhalten und das Befolgen natürli-

Bejahung der Sinnlichkeit

cher Neigungen bilden für ihn keinen Gegensatz wie für die auf ein dualistisches Weltbild gegründete Tradition der Aufklärung. Wenn Brecht Shen Te mit einer natürlichen Neigung zur Freundlichkeit ausstattet, die es für sie zur Anstrengung werden lässt, die Maske des Bösen anzunehmen, will er diese Güte nicht als individuelle Leistung herausstellen. Der Brecht-Schüler Manfred Wekwerth charakterisiert in einem Selbstinterview zu der von ihm inszenierten Züricher Aufführung von 1976 Shen Tes Güte folgendermaßen:

> „Nicht weil sie lebensfremd ist, hilft sie anderen,
> sondern weil sie das Leben mag:
> Es macht ihr einfach Spaß".

Mit dieser Interpretation beruft er sich auf eine Äußerung Brechts in seinen Notizen, die besagt, dass Shen Te, „bevor sie ein guter Mensch ist, ein Mensch ist" (Materialien, S. 198). Ein gewisser Optimismus in der Beurteilung menschlichen Verhaltens ist hier unverkennbar. Freilich kann keine Rede davon sein, dass Shen Te etwa wie die Helden klassischer Stücke zur Trägerin überzeitlicher Eigenschaften des Menschen gemacht wird. Dennoch verknüpft sich für Brecht Menschsein offenkundig mit einer Neigung zu sozialem Verhalten, zur Freundlichkeit, die erst aufgrund der schlechten Verhältnisse, mit denen Shen Te konfrontiert ist, das angepasste Verhalten Shui Tas erfordert, um als Mensch leben zu können. Das Thema der ‚schlechten' Welt schränkt Brecht insofern ein, als er nur menschliche Leiden, die durch das gesellschaftliche Zusammenleben verursacht sind, in den Blick bringt. Leiden, die aus der Endlichkeit des Menschen hervorgehen, wie Krankheit oder Tod, sind keine Themen Brechts.

Optimismus Brechts

Da es nach Brecht für den Menschen keine Freiheit gibt, bevor er die Befreiung aus schlechten Bedingungen erreicht hat, ist seine erste Forderung die Veränderung von schlechten Lebensbedingungen. Dabei orientiert er sich an dem ‚kategorischen Imperativ' von Marx, der fordert, „alle Verhältnisse umzuwerfen, in denen der Mensch ein erniedrigtes, ein geknechtetes, ein verlassenes, ein verächtliches Wesen ist" (MEW 1, S. 385). Brecht räumt also der praktischen Philosophie, der Ethik, einen eindeutigen Vorrang ein, der jedoch nicht auf das Reich

Orientierung Brechts am Grundsatz marxistischer Moral

des Denkens beschränkt bleiben, vielmehr praktische Veränderungen bewirken soll. Konkrete Veränderung der gesellschaftlichen Verhältnisse ist damit auch die Zielsetzung in Brechts Stücken. Die Veränderbarkeit der gesellschaftlichen Verhältnisse macht Brecht zur grundlegenden Voraussetzung des Denkexperiments, das mit dem Parabelstück *Der gute Mensch von Sezuan* in Szene gesetzt wird.

Brechts Kritik an der Aufklärung

Gerade weil Brecht davon überzeugt ist, dass eine Verbesserung der menschlichen Verhältnisse nur durch Gesellschaftsveränderung erreicht werden kann, richtet sich seine Kritik zwangsläufig gegen die Aufklärung, die ihren Appell zur Veränderung am Verhalten des Einzelnen festmacht, dem sie deshalb Prinzipien des Verhaltens vorgibt. Indem er in seinem Stück das Thema des „guten Menschen" aufgreift und zum Thema „Der gute Mensch und die Rolle der Götter" erweitert, formuliert er seine Kritik an der Aufklärung.

Marx' Kritik an der traditionellen Aufklärung

Marx, dessen Lehre Brecht als Grundlage seiner Theatertheorie und -praxis rezipiert hat, kritisiert an der traditionellen Aufklärung, dass es ihr nur auf theoretische Betrachtung der Welt, nicht aber auf Weltveränderung ankommt. Denn für sie ist eine Veränderung der Verhältnisse die notwendige Folge der freien Willensentscheidung, weil der Mensch immer schon frei ist und deshalb frei entscheiden kann, selbst wenn er in Ketten geboren wäre; er hat Freiheit, die ihm nicht erst durch die Befreiung aus schlechten Lebensbedingungen verschafft werden muss. Praktische Folgen glaubt dieses Denken, das seinen Wert gerade darin sieht, dass es frei von allen Interessen ist, vernachlässigen zu können. Gerade deshalb wertet es Brecht jedoch als ‚spielerisches Denken' ab (*Politik und Gesellschaft*, S. 158). Eben dieses Denken kritisiert Brecht auch in seinem Stück *Der gute Mensch von Sezuan* an den Göttern, indem er sie der Lächerlichkeit preisgibt. Komik erzeugt der Kontrast zwischen Publikumserwartung und Bühnenwirklichkeit; sie relativiert den Anspruch der Götter auf Absolutheit und ewige Gültigkeit ihrer Aussagen. Lächerlich machen

Brechts Kritik des ‚spielerischen' interessenfreien Denkens

sie sich aber auch durch den Widerspruch zwischen den theoretischen Forderungen, die sie in erhabenem Pathos vortragen, und den praktischen Konsequenzen, die sie daraus gerade nicht ziehen. Der zentrale Widerspruch ihres Verhaltens besteht eben darin, dass sie den Anspruch erheben, als ‚Betrachter', die über alle zeitlichen Interessen erhaben sind, zu gelten, in Wirklichkeit aber ein aufgrund der logischen Brüche und Widersprüche in ihrem Denken bzw. Verhalten durchschaubares Interesse an der Beweisführung haben, dass in der Welt alles beim Alten bleiben könne. Dieses Interesse teilen sie mit den bürgerlichen Ideologen, mit Philosophen, Künstlern und Wissenschaftlern, die den Anspruch erheben, ein interessefreies reines Denken hervorzubringen, während sie durch diese Haltung nur der Verfestigung bestehender schlechter Verhältnisse dienen.

Brechts Kritik der ‚betrachtenden' Götter: Kritik an den bürgerlichen Ideologen

Religionskritik

Die komische Darstellung der Götter kritisiert zugleich die Erklärung der Welt durch einen übersinnlichen Gott, wie ihn die Religion, aber auch, wie sich beim Beispiel Lessings zeigt, die traditionelle Aufklärung voraussetzen.
Mag nun, wie manche Interpreten meinen, die Dreizahl der Götter eine Anspielung auf das Dogma von der Dreieinigkeit oder weniger bedeutungsvoll sein, falsch wäre es auf jeden Fall, wollte man Brecht die Absicht eines atheistischen Eiferers unterstellen. Was Brecht vom marxistischen Standpunkt aus an der christlichen Religion kritisiert, ist nicht ihre Aufforderung zu Gerechtigkeit und Menschenliebe. Verkehrt sind für ihn nur die Lösungen, welche die Religion anbietet. Was Brecht immer wieder attackiert, ist die Vertröstung auf ein besseres Jenseits, welche die Menschen daran hindert, sich mit allen Kräften für eine Verbesserung der Verhältnisse auf Erden einzusetzen. Darin, dass die illusorische Hoffnung auf ein Jenseits das irdische Jammertal vergessen lassen soll, liegt das Verführerische der Religion, vor dem Brecht warnt: „Laßt euch nicht verführen / Zu Fron und Ausgezehr" (*Gedichte*, S. 260). Die Forderung nach sozialer Gerechtigkeit, die Marx erhebt, lässt sich grund-

Brechts Religionskritik

Christliche und marxistische Moral: Ähnlichkeit und Unterschied

sätzlich mit dem zentralen Gebot des Christentums, der Nächstenliebe, vereinbaren. Im Gegensatz zu der Rückführung des Gebotes der Nächstenliebe auf die Liebe, die der Mensch Gott als seinem Schöpfer schuldet, wie sie sowohl die jüdische als auch christliche Religion kennt, lässt Brecht diese Begründung in seinem Stück beiseite. Die Götter fordern zwar eine Einhaltung der Gebote; eine Konkretisierung dessen, was als ‚gut' gelten soll, unternimmt jedoch der Mensch: Shen Te. Sie nennt in ihrem ‚Bekenntnis' im Vorspiel ausschließlich die Gebote, die sich auf das soziale Verhalten beziehen. Die Liebe zu Gott oder zu Göttern als Motiv für die Einhaltung der Gebote ersetzt Shen Te durch ein spontanes Bedürfnis nach Freundlichkeit gegenüber ihren Mitmenschen.

Zeitlich beschränkte Gültigkeit von Normen bei Brecht

Im Gegensatz zu der traditionellen Aufklärung gibt es für Brecht ebenso wenig wie ein unveränderliches Wesen ein unabänderlich gültiges Moralgesetz. Da Menschen von den besonderen Verhältnissen ihrer Epoche immer ebenso bedingt sind, wie sie diese selbst produzieren, müssen auch die moralischen Normen aus den jeweiligen gesellschaftlichen Bedingungen entwickelt werden. Auch der von Marx aufgestellte ‚Imperativ' ist für Brecht nur in den Grenzen der Möglichkeiten, welche die konkreten Situationen zulassen, verpflichtend.

Zu Brechts Theorie des Lehrtheaters

Brecht in der Tradition der Kritik an der aristotelischen Theorie

Wie der Aufklärer Lessing setzt sich auch Brecht als Aufklärer mit der aristotelischen Theorie des Dramas auseinander. Dabei handelt es sich bei ihm wie bei Lessing nicht um praxisferne theoretische Überlegungen; vielmehr haben beide durch die Inszenierung ihrer Werke praktische Theatererfahrungen gesammelt.

Lessings Kritik der aristotelischen Tradition

Lessings Polemik richtet sich gegen die französischen Klassiker Corneille und Racine, die streng die von Aristoteles aufgestellte Forderung der Einhaltung der drei Einheiten von Raum, Zeit und Handlung beachten. Im Vergleich zu der strikten Befolgung von Regeln durch die französischen Dramatiker wertet er Shakespeares freien Umgang mit der Gestaltung von Raum, Zeit und Handlung als Leistung eines Genies auf. Allerdings gibt es in der europäischen Theatergeschichte neben Shakespeare eine Reihe von Beispielen, die sich nicht an die aristotelischen Regeln halten. Das mittelalterliche Passions- und Mysterienspiel sowie das aus der Reformation und Gegenreformation hervorgegangene Lehrtheater – historische Möglichkeiten der Theaterpraxis, die auch Brecht beeinflusst haben – befolgen weder die Regel der drei Einheiten noch die der Fünfaktigkeit mit dem für das klassische Drama verbindlichen Aufbau der Handlung (Exposition, Konflikt, Peripetie, retardierendes Moment, Katastrophe).

Was Lessing zu seiner Kritik an der aristotelischen Tradition veranlasst, ist vor allem seine aufklärerische Wirkungsabsicht. Nach Aristoteles sollen im Zuschauer, indem er sich in das Schicksal des Helden einfühlt, *phobos* und *eleos*, in Lessings Zeit meist mit „Furcht und Schrecken“ übersetzt, erweckt werden. Die von Aristoteles geforderte Einfühlung des Zuschauers in das Bühnengeschehen, die auch Lessing voraussetzt, soll beim Zuschauer eine „Katharsis“ bewirken, sodass er wie durch eine heilsame Medizin gereinigt das Theater verlässt. Die französischen Klassiker verstanden diese Reinigung in erster Linie als rationalen Erkenntnisakt. Sie wollten das Publikum, indem es als Ursache des Unglücks, das den Helden widerfährt, die Leidenschaften erkennt, zur Vernunft bringen. Lessing ändert die Übersetzung des Griechischen und ersetzt „Schrecken“ durch „Mitleid“. Damit stellt er in der *Hamburgischen Dramaturgie* die Weichen für die erzieherische Absicht seines Theaters. Der „Schrecken“ des antiken Mythos musste dem bürgerlichen Aufklärer als Fremdkörper erscheinen. Die Katharsis soll bei ihm eine „Verwandlung der Leidenschaften in tugendhafte Fertigkeiten“ bewirken und damit einer Erziehung dienen, deren Ziel der allseitig gebildete Bürger ist, der einerseits seine intellektuellen Kräfte zur vollen Entfaltung bringt, andererseits aber auch seine Gefühle kultiviert. Dazu gehört die Entwicklung der kommunikativen Fähigkeiten: „Herzliche Verträglichkeit“, Toleranz lautet das von Lessings Nathan vertretene Erziehungsziel, das nicht nur durch den Gebrauch der Ratio, sondern auch das Gefühl der Mitmenschlichkeit zu erreichen ist; der mitleidigste Mensch ist dementsprechend für Lessing auch der tugendhafteste.

Einfühlung bei Lessing: Mitleid

Das Gefühl ist nun aber gerade das, was der Aufklärer Brecht bei seinem Publikum am heftigsten attackiert. Bei der Aufführung seines zweiten Stücks *Trommeln in der Nacht* hat Brecht empfohlen, im Zuschauerraum Plakate mit der Aufschrift „Glotzt nicht so romantisch“ aufzuhängen. Nicht nur romantische Gefühle, die Einfühlung als „Grundpfeiler“ der durch die aristotelische Tradition bestimmten „herrschenden Ästhetik“ (Brecht, *Theater*, S. 298) lehnt er ab, da sie, wie er meint, den ‚Kindern des wissenschaftlichen Zeitalters‘ nicht mehr angemessen ist. Anstatt sich durch den Appell an das Gefühl in magischen Bann versetzen zu lassen, soll der Zuschauer die Haltung eines forschenden Wissenschaftlers einnehmen. Alle Elemente, die an den Ursprung des Theaters im Kult erinnern könnten, will Brecht aus dem Theater entfernen; nicht an das Gefühl soll der Dramatiker appellieren, vielmehr an den Verstand.

Brechts Kritik der Einfühlung

Appell an den Verstand

Was Brecht zur Polemik reizt, ist jedoch nicht nur die aristotelische Theorie, sondern auch die Theaterpraxis, mit

Brechts Kritik des Illusionstheaters

der er als junger Dramatiker konfrontiert ist. Die Theaterszene der Zeit wurde durch die Bühne Max Reinhardts beherrscht, die alle ihr zu Gebote stehenden Mittel – Schauspielkunst, Bühnenbild, Geräusche, Lichteffekte – zum Einsatz brachte, um durch die Verschmelzung dieser Einzelelemente den Zuschauer total in Bann zu ziehen. Dieses ‚kulinarische Theater' ist für Brecht charakteristisch für den Kunstgenuss des Bürgertums, das er im Gegensatz zu Lessing abwertet, wobei zu bedenken ist, dass es nicht das Bürgertum der Aufklärungszeit, sondern das Spätbürgertum des 20. Jahrhunderts ist, mit dem Brecht sich auseinandersetzt. Die Erwartungen dieses Publikums beschreibt er voll Spott als „Knetung ihrer erschlafften Gemüter" und „etwas Spannung abgespannter Nerven" (*Episches Theater*, S. 159). Die Umerziehung seines Publikums stellt sich Brecht als erste Aufgabe: „Kann man sie veranlassen, ihre Zigarren herauszuziehen?" (*Theater*, S. 1012). Mit dieser Geste will Brecht einen Zuschauer charakterisieren, wie er ihn sich für sein Theater wünscht: einen, der, ohne seine alltäglichen Gewohnheiten aufzugeben, das Bühnengeschehen gelassen verfolgt und mit kritischer Distanz beurteilt. Seit den zwanziger Jahren bezeichnete Brecht diesen neuen Theaterstil als episches Theater.

Brechts Kritik am Publikum

Wunsch Brechts: kritisch-intelligente Zuschauer

Brechts Rezeption des Marxismus als Grundlage seiner ästhetischen Theorie und Praxis

Brecht hat sich schon in den zwanziger Jahren mit gesellschaftswissenschaftlichen Studien befasst und neigte zunächst der Auffassung der amerikanischen Behavioristen zu, die den Menschen als Produkt seiner sozialen Umstände deuten. In der marxistischen Theorie fand er schließlich die Basis, auf die sich Theorie und Praxis seines Theaters gründen. Brechts Rezeption des Marxismus kann auch als Grundlage einer Periodisierung seiner Werke herangezogen werden. Die Jugendwerke der Zeit von 1913 bis 1926 stehen stark unter dem Eindruck des Expressionismus. In der Phase von 1926 bis 1933 macht sich Brechts Studium des Marxismus bemerkbar. Am

Einfluss der marxistischen Studien

deutlichsten tritt dieser Einfluss in den Lehrstücken zutage. In der dritten Phase von 1933 bis 1956 hat Brecht das von ihm auf der Grundlage des Marxismus entwickelte epische bzw. dialektische Theater in verschiedenen Variationen weiterentwickelt. So bekannte Stücke wie *Mutter Courage*, *Der kaukasische Kreidekreis*, *Leben des Galilei* und auch das Parabelstück *Der gute Mensch von Sezuan* sind während dieser Zeitspanne entstanden.

Geschichtsauffassung des historischen Materialismus

Der historische Materialismus in der Form, wie er Brecht vermittelt wurde, geht von einem dialektischen Wechselverhältnis zwischen subjektivem Faktor, dem die Geschichte hervorbringenden Menschen, einerseits und dem objektiven Faktor der ihn bedingenden Verhältnisse andererseits aus, ein Wechselverhältnis, das Engels folgendermaßen charakterisiert:

> „Es ist nicht, wie man sich hier und da bequemerweise vorstellen will, eine automatische Wirkung der ökonomischen Lage, sondern die Menschen machen ihre Geschichte selbst, aber in einem gegebenen sie bedingenden Milieu, auf der Grundlage vorgefundener tatsächlicher Verhältnisse, unter denen die ökonomischen, so sehr sie auch von den übrigen politischen und ideologischen beeinflußt sein mögen, doch in letzter Instanz die entscheidenden sind und den durchgehenden allein zum Verständnis führenden roten Faden bilden." (Briefe, S. 560)

Brechts Geschichts- und Menschenbild

Diese Voraussetzungen führen dazu, dass Brecht seinen Dramen ein Geschichts- und Menschenbild zugrunde legt, das sich wesentlich von der ihm vorausgegangenen Tradition unterscheidet. Alle menschlichen Verhältnisse, der Mensch selbst und dementsprechend auch die Vernunft sind nur noch historisch zu erfassen. Was als vernünftig gelten kann, muss anhand der jeweils bestehenden historischen Möglichkeiten geprüft werden.

Konsequenzen für Brechts Theatertheorie und -praxis

– Verzicht auf einmalige Charaktere

Dieses veränderte Geschichts- und Menschenbild hat unmittelbare Konsequenzen für elementare Bedingungen von Brechts Theater. Ein Grundelement des Dramas, der Entwurf von Charakteren, verändert seine Bedeutung. Denn Charaktere im Sinne einer schicksalhaften Prägung des Individuums kann es nicht mehr geben. Vielmehr müssen die wechselnden Lebensbedingungen, mit denen sich Einzelne und Gruppen auseinanderzusetzen haben, in den Blick kommen. Diese Bedingungen wirken aber nicht im Sinne einer einseitigen Prägung durch das Milieu; vielmehr handelt es sich stets um ein Wechselverhältnis, das Alternativen zulässt. Auch die Bühnenwirklichkeit ist ja ein Teil der geschichtlich bedingten veränderbaren sozialen Wirklichkeit und kann deshalb auch nur historisch bedingte Ereignisse darstellen. Der Zuschauer soll das historische Wechselverhältnis von Bedingtsein und Bedingen am Bühnengeschehen, das als Modell der Wirklichkeit bei Brecht tragende Bedeutung erhält, studieren und nach Lösungen suchen. Für ausweglose Tragik ist in diesem Weltbild kein Platz; denn Tragik kann nur da walten, wo der Mensch von höheren Mächten abhängig ist, nicht wenn er, wie es bei Brecht der Fall ist, für seine Welt allein verantwortlich ist. Aus diesen Voraussetzungen leitet Brecht auch seine didaktische Wirkungsabsicht ab, welche als zentralen Lehrinhalt die Veränderbarkeit der Verhältnisse vermitteln will.

- Theater als Modell der Wirklichkeit
- Drama ohne Tragik
- Didaktische Wirkungsabsicht

Wirkungsabsicht des epischen Theaters

Brecht hatte nicht die Absicht, mit dem epischen Theater lediglich eine neue Ausdrucksform des Theaters zu schaffen; für ihn stand es von vornherein im Dienste gesellschaftlicher Veränderung, war eine „Kategorie des Gesellschaftlichen und nicht des Ästhetischen“. Was Brechts episches Theater von dem anderer Schriftsteller des 20. Jahrhunderts, die, wie zum Beispiel Wilder oder Claudel vergleichbare Techniken angewendet haben, unterscheidet, ist die auf gesellschaftsverändernde Praxis zielende Wirkungsabsicht. Brecht stellt dem bürgerlichen Vergnügungstheater sein Lehrtheater gegenüber, das durch seinen Gebrauchswert bestimmt ist. Der Wert von Kunst beruht also für Brecht nicht auf der Vermittlung eines zweckfreien Wohlgefallens, sondern ist danach zu beurteilen, ob dieses ‚eingreifend‘ wirksam wird. Allerdings stehen sich Vergnügen und Lernen bei Brecht nicht als unüberbrückbare Gegensätze gegenüber. Vielmehr geht es ihm darum, die Fähigkeit, kritisch zu genießen, bei seinem Publikum zu entwickeln.

Theater im Dienste des ‚eingreifenden‘ Denkens

Das Publikum, das Brecht in erster Linie erreichen will, ist die proletarische Klasse. Ihr traut er wie allen ‚Gesellschaftsveränderern' auch zu, dass sie im Gegensatz zum Bürgertum Lernen als lustvoll zu empfinden vermag.

Episches und dramatisches Theater: Zum Begriff

„Episch": ein Gattungsbegriff

Obwohl umstritten ist, ob Brecht den Begriff des epischen Theaters selbst erfunden hat, erhebt sich die Frage, was Brecht gerade an einem literarischen Gattungsbegriff geeignet fand, um sein auf gesellschaftliche Veränderung ausgerichtetes Theater zu charakterisieren. Wenn es nur darum ginge, dass epische Elemente bei Brecht auch im Drama vorkommen, dann handelte es sich nicht um etwas Außergewöhnliches. Die Vermischung von Gattungen hat es in der Literaturgeschichte zu allen Zeiten gegeben, wenn diese Tendenz auch im 20. Jahrhundert zugenommen hat. Als Paradebeispiel der ‚Unreinheit' von Gattungen kann Goethes *Faust* genannt werden. Brecht muss mit diesem Begriff aber mehr als eine Vermischung von Gattungselementen zum Ausdruck bringen wollen.

In den fünfziger Jahren hat es der Schweizer Germanist Emil Staiger unternommen, die Begriffe „episch", „lyrisch" und „dramatisch" losgelöst von den Gattungen der erzählenden Prosa, der Lyrik und des Dramas als mögliche Wesensäußerungen des Menschen überhaupt und als Ausdruck seiner Zeitlichkeit zu bestimmen. Solche Deutungen liegen Brecht fern. Dennoch können sie bei dem Versuch, die Intention, die Brecht mit dem Begriff des epischen Theaters verbindet, zu verstehen, behilflich sein.

Das Dramatische: Funktionalität der Teile

Typisch für das Dramatische ist nach Staiger, dass – unabhängig davon, ob es sich um Lyrik, Prosa oder ein Drama handelt – das Geschehen zielbezogen auf das Ende zutreibt. Kein Teil der Dichtung hat um seiner selbst willen Bedeutung, er erhält nur durch seine Funktion für das Ganze Gewicht. Diese Beschaffenheit des dramatischen Werks hat für den Rezipienten unmittelbare Konsequenzen. Die dramatische Darstellung gönnt ihm keine Zeit: Immer aufs Neue wird er in den Fortgang des Geschehens hineingerissen, sodass er gleichsam atemlos bis zum Ende mit fortgerissen wird. Genau diese völlige Eingespanntheit in den Verlauf des Bühnengeschehens ist es aber, die Brecht vermeiden will.

Das Dramatische reißt den Zuschauer mit

Im Gegensatz zum Dramatischen wird das Epische durch die Selbstständigkeit der Teile bestimmt. Diese Eigenart lässt dem Publikum die Ruhe des Verweilens. Und die ruhige Geistesgegenwärtigkeit, die das Epische einräumt, ist es gerade, zu der Brecht sein Publikum bringen will. Nicht das Interesse am Ausgang soll dieses bewegen. Epische Darstellung hat darauf auch nie Wert gelegt. Homer hat seinem Publikum vermutlich nur einen Stoff vergegenwärtigt, den dieses schon kannte. So hat auch Brecht nach der Aussage von Walter Benjamin sich „die Frage vorgelegt, ob nicht Vorgänge, die das epische Theater darstellt, schon bekannt sein müssten“ (Benjamin, S. 88). Der Begriff des „epischen“ Theaters verdeutlicht also die veränderte Wirkungsabsicht Brechts. Unter epischem Theater versteht er einen neuen Theaterstil, der durch veränderte Mittel der Schauspielkunst, Inszenierung und Textgestaltung eine veränderte Beziehung zwischen Publikum und Bühne hervorbringt, welche die aktive Teilnahme des Zuschauers am Bühnengeschehen stimuliert, um ihm ein eigenes Urteil und damit eigene Lösungen zu ermöglichen.

Das Epische: Selbstständigkeit der Teile

Das Epische lässt verweilen

Definition des epischen Theaters

Der Verfremdungseffekt als Mittel des epischen Theaters

Der Verfremdungseffekt als Mittel von Brechts epischem Theater darf nie losgelöst von seiner Funktion als „soziale Maßnahme“ (Brecht, *Theater*, S. 655) gesehen werden. Im Rahmen von Brechts Lehrtheater kommt ihm die Aufgabe zu, dem Zuschauer eine erfinderische und kritische Haltung zu vermitteln, wie sie auch der Wissenschaftler einnehmen muss. Die Bühne wird mit Hilfe des V-Effekts zum Modell der Wirklichkeit, an dem deren Gesetze studiert werden können.

Der V-Effekt als Hilfe für den Zuschauer

Der Zuschauer erhält durch den V-Effekt Signale, die ihm die vertraute Wirklichkeit auffällig machen. Dadurch

Der V-Effekt erregt Aufmerksamkeit

erhält der Zuschauer Hilfestellung bei seinem Versuch, die Erfahrungen der Personen auf der Bühne mit der fiktionalen Wirklichkeit in Erkenntnisse umzusetzen und diese auf die eigenen Erfahrungen mit seiner sozialen Wirklichkeit zu übertragen.

V-Effekt in Schauspielkunst und Technik der Inszenierung

Zunächst entwickelte Brecht den V-Effekt als konkrete Anweisung zur Schauspielkunst und Technik der Inszenierung. Da eine Verschmelzung aller der Bühne zu Gebote stehenden Mittel den Zuschauer zu sehr in den Bann der Bühnenereignisse zieht und so seine Aktivität hemmt, fordert Brecht eine konsequente Trennung dieser Elemente. So sollen sich Musik und Text – zum Beispiel in den Songs – nicht ergänzen, indem die Musik den Text ‚untermalt'. Sie sollen vielmehr eine konträre Wirkung anstreben, die es dem Zuschauer ermöglicht, mit seinem Urteil ‚dazwischenzukommen'.

Brecht hat vor allem in Bezug auf die Schauspielkunst aufgrund seiner eigenen Vorstellungen detaillierte Anweisungen gegeben. Anregungen für seine Vorschläge hat er unter anderem durch die ostasiatische Bühnentradition erhalten. Die vollkommene Verwandlung hat Brecht, weil sie an magische Riten erinnere, als „barbarisch" (*Theater*, S. 899) bezeichnet. Der Schauspieler soll die Figur, die er darzustellen hat, nicht „sein", er soll sie vielmehr ‚zeigen', indem er den vorgegebenen Text gleichsam nur zitiert. Als Hilfsmittel empfiehlt Brecht die Überführung der ersten in die dritte Person, also eine Erzählhaltung, durch die eine völlige Identifizierung mit der Rolle vermieden werden soll. Dieselbe Wirkung kann der Schauspieler erreichen, wenn er seine Rolle in die Vergangenheit überführt, sie also ‚erzählt'. Bei allen Bühnenaktionen soll deutlich werden, dass der Schauspieler mit der Charakterisierung einer bestimmten Verhaltens- oder Handlungsweise eine Möglichkeit unter anderen Möglichkeiten ausgewählt hat: „Das, was er [der Schauspieler] nicht macht, muß in dem enthalten und aufgehoben sein, was er macht. So bedeuten alle Sätze und Gesten Entscheidungen, bleibt die Person unter Kontrolle und wird getestet." (*Theater*, S. 343)

‚Zeigen' der Rolle

Bezug zum Publikum

Durch ein völliges oder teilweises Heraustreten aus der Bühnenrolle gewinnt der Schauspieler die Möglichkeit, direkt mit dem Publikum in Kontakt zu treten. Der Schauspieler spielt gleichsam eine Doppelrolle, indem er einmal die Bühnenfigur verkörpert und zugleich in Interaktion mit dem Publikum zu ihr Stellung nimmt. Das veränderte Verhältnis von Zuschauer und Bühne, eine direkte Folge von Brechts Wirkungsabsicht, kommt auch dadurch zum Ausdruck, dass er auf den schweren, trennenden Samtvorhang verzichtet und ihn durch die leicht flatternde, halbhohe Gardine ersetzt. Vollzog sich bisher das Spiel so, als sei die Welt der Bühne eine Welt für sich, die durch die ‚vierte Wand', den Vorhang, vom Zuschauerraum getrennt wurde, und als dürfe sich der Zuschauer allenfalls als Zaungast fühlen, so ist das Spiel jetzt nur in Beziehung auf das Publikum sinnvoll. Diese Veränderung charakterisiert Walter Benjamin als „Verschüttung der Orchestra", die als „Abgrund" (Benjamin, S. 93) Schauspieler und Publikum trennte und damit noch immer Reste des sakralen Ursprungs des Theaters und auch die Faszination durch das Undurchschaubare des Bühnengeschehens bewahrt hat.

Die als Überlegungen zur Inszenierungstechnik und Schauspielkunst entwickelten Prinzipien der Verfremdung des Gewohnten überträgt Brecht auf die Gestaltung seiner Stücke. Die daraus resultierenden Veränderungen umfassen alle für das Drama wichtigen Elemente: Aufbau der Handlung, Charakterisierung der Personen und Sprache.

Mittel der Verfremdung

– Fabel

Als zentrales Mittel der Verfremdung dient Brecht die ‚Fabel', also das Bühnengeschehen. Die Bühne ‚erzählt', das heißt, sie benutzt epische Darstellungsweisen, die es ermöglichen, den zielstrebigen Zeitverlauf der Handlung zu unterbrechen. Mit den von Brecht häufig eingesetzten Vor- und Rückblenden hat er auch Anleihen beim Medium des Films gemacht, dem mit Schnitt und Montage ein Überspringen des zeitlichen Kontinuums als künstlerisches Mittel zu Gebote steht. So rückt nach den Worten Benjamins die Handlung im epischen Theater „den Bildern des Filmstreifens vergleichbar, in Stößen vor" (Benjamin, S. 92). Die Brüche im Handlungskontinuum schaffen Zeit zum Nachdenken und ermöglichen so eine distanzierte Rezeption. In der gleichen Absicht werden von Brecht kurze Inhaltsangaben vor den Szenen und Spruchbänder mit Hinweisen zum Inhalt eingesetzt.

– Unterbrechung des Zeitkontinuums

– Song

Ein schon in den Frühwerken von Brecht eingesetztes Mittel ist der Song, für den er vom zeitgenössischen politischen Kabarett und den Protestliedern der Arbeiterbewegung Anregungen erhalten hat. Brecht hat vielfältige Möglichkeiten entwickelt, den Song mit dem Bühnengeschehen in Verbindung zu setzen. Erhalten bleibt stets das wesentliche Merkmal, dass, wenn der Schauspieler an die Rampe tritt, der Handlungsablauf unterbrochen wird. In *Der gute Mensch von Sezuan* steht der Song meist insofern in Beziehung zum Geschehen, als er das Bühnengeschehen auf einer veränderten Reflexionsstufe spiegelt und damit den Reflexionsprozess des Zuschauers stimuliert.

- Doppelrolle

Zu den Mitteln des V-Effekts gehört auch die Doppelrolle, das heißt die Aufspaltung einer Bühnenperson in zwei konträre Verhaltensweisen, wie sie in *Der gute Menschen von Sezuan* und beispielsweise auch in dem Stück *Herr Puntila und sein Knecht Matti* vorkommt. Zum V-Effekt können wir außerdem alle auf Kontrast und Widerspruch aufgebauten Mittel in Brechts Stücken rechnen. Dazu gehört die Kontrastwirkung zwischen Bühnenbild und Text, die eigentlich nur durch eine angemessene Inszenierung voll zur Geltung kommen kann. Deshalb ist die Realisierung auf der Bühne, die Brecht während der Arbeit an seinem Parabelstück *Der gute Mensch von Sezuan* im Exil so vermisste, bei Brecht noch mehr als bei manchen anderen Dramatikern eine Voraussetzung für seine Wirksamkeit. Der Leser, dem nur die Möglichkeit bleibt, auf Regieanweisungen zu achten, lässt sich von vornherein auf einen Notbehelf ein.

- Kontrast und Widerspruch zwischen Bühnenbild und Text

- Sprach-Montage

Durch den V-Effekt geprägt ist auch die Sprache in Brechts Stücken. Er montiert Sprichwörter, Redensarten, Bibelzitate oder parodiert literarische Vorbilder so, dass die Sprache gerade nicht zum angemessenen Ausdruck der Sprecher wird, sondern aus ihrem Munde auffällig, befremdlich klingt. Auch in diesem Zusammenhang kommt dem Kontrast – zum Beispiel zwischen Verhalten und Äußerung – eine wichtige erkenntnisvermittelnde Funktion zu.

Brechts Gegenüberstellung von epischem und dramatischem Theater

Brecht hat den Unterschied zwischen epischem und dramatischem Theater mehrfach in ein Schema gebracht, das den Zusammenhang zwischen den unterschiedlichen Vorstellungen vom Menschen und seiner Geschichte, der Wirkungsabsicht und den verwendeten Mitteln verdeutlicht. Hier wird die Gegenüberstellung in einer überarbeiteten Fassung aus dem Jahr 1938 wiedergegeben. Sie zeigt einige Gewichtsverschiebungen vom dramatischen zum epischen Theater, stellt aber keine absoluten Gegensätze, sondern lediglich Akzentverschiebungen dar. So kann innerhalb eines Mitteilungsvorgangs das gefühlsmäßig Suggestive oder das rein rational Überredende bevorzugt werden.

Dramatische Form des Theaters	Epische Form des Theaters
Die Bühne „verkörpert" einen Vorgang	sie erzählt ihn
verwickelt den Zuschauer in eine Aktion	macht ihn zum Betrachter,
und	aber
verbraucht seine Aktivität	weckt seine Aktivität
ermöglicht ihm Gefühle	erzwingt von ihm Entscheidungen
vermittelt ihm Erlebnisse	vermittelt ihm Kenntnisse
der Zuschauer wird in eine Handlung hineinversetzt	er wird ihr gegenübergesetzt
es wird mit Suggestion gearbeitet	es wird mit Argumenten gearbeitet
die Empfindungen werden konserviert	bis zu Erkenntnissen getrieben
der Mensch wird als bekannt vorausgesetzt	der Mensch ist Gegenstand der Untersuchung
der unveränderliche Mensch	der veränderliche und verändernde Mensch
Spannung auf den Ausgang	Spannung auf den Gang
eine Szene für die andere	jede Szene für sich
die Geschehnisse verlaufen linear	in Kurven
natura non facit saltus	*facit saltus*
die Welt, wie sie ist	die Welt, wie sie wird
was der Mensch soll	was der Mensch muss
seine Triebe	seine Beweggründe
das Denken bestimmt das Sein	das gesellschaftliche Sein bestimmt das Denken

„*Der Zuschauer des dramatischen Theaters sagt:* Ja, das habe ich auch schon gefühlt. – So bin ich. – Das ist nur natürlich. – Das wird immer so sein. – Das Leid dieses Menschen erschüttert mich, weil es keinen Ausweg für ihn gibt. – Das ist große Kunst: da ist alles selbstverständlich. – Ich weine mit den Weinenden, ich lache mit den Lachenden.
Der Zuschauer des epischen Theaters sagt: Das hätte ich nicht gedacht. – So darf man es nicht machen. – Das ist höchst auffällig, fast nicht zu glauben. – Das muß aufhören. – Das Leid dieses Menschen erschüttert mich, weil es doch einen Ausweg für ihn gäbe. – Das ist große Kunst: da ist nichts selbstverständlich. – Ich lache über den Weinenden, ich weine über den Lachenden."
(Brecht, *Theater*, S. 265)

Brechts Bestimmung des Realismus

Die weltanschaulichen Voraussetzungen seiner ästhetischen Theorie führen Brecht auch zu einem veränderten Verständnis des Abbildverhältnisses von Bühnenwirklichkeit und gesellschaftlicher Realität. Geschichtliche Ereignisse können für den Stückeschreiber nicht mehr als Anlass dienen, aus dem Vergangenen unvergängliche Werte herauszudestillieren; vielmehr geht es ihm darum, das Überholte an der Vergangenheit sichtbar zu machen. Die Gegenwart liegt ihm nicht mehr als zwangsläufig entstandenes, unveränderbares Fixum vor. Damit eröffnet sich auf der Bühne als Teil der geschichtlich-sozialen Wirklichkeit ein Experimentierfeld der Möglichkeiten. Der Naturalismus glaubte, die gesellschaftliche Wirklichkeit durch möglichst genaue Widerspiegelung erfassen und kritisieren zu können. Diese unmittelbare Abbildung der Wirklichkeit würde aber für Brecht den falschen Schein der Wirklichkeit mit übernehmen; sie würde nur zeigen, wie die soziale Welt erscheint, nicht wie sie ist und funktioniert. Gerade die bestimmenden Kräfte der sozialen Wirklichkeit soll aber der Zuschauer bei Brecht erkennen. Unter Realismus versteht er deshalb ein produktives Sichtbarmachen der gesellschaftlichen Zusammenhänge. Die Denkmethode der historischen Dialektik dient ihm dazu, Widersprüche der bestehenden kapitalistischen Gesellschaft zu analysie-

Kein unmittelbares Abbilden von Wirklichkeit

Realismus: Aufdecken gesellschaftlicher Zusammenhänge

ren (vgl. S. 47 f.). Daraus ergeben sich für seine dramatischen Werke Konsequenzen, die in den Parabelstücken – deutlicher als in den Geschichtsdramen und geradezu beispielhaft in *Der gute Mensch von Sezuan* – zu beobachten sind.

Der gute Mensch von Sezuan als Parabelstück

Die Parabel gehört zur Gattung der lehrhaften Literatur. Vordergründig wird eine Geschichte erzählt; die Erzählung bleibt aber nicht Selbstzweck. Schon die Erzählsituation gibt häufig einen Hinweis darauf, dass die Erzählebene auf eine zweite, die Bedeutungsebene, hinweist. In Lessings dramatischem Gedicht *Nathan der Weise* gibt Nathan auf die Frage Saladins, welche der drei Weltreligionen die wahre sei, seine Antwort in Form einer Parabel; Nathan selbst nennt die Geschichte ein Märchen. Die Gesprächssituation signalisiert eindeutig, dass das ‚Märchen' etwas bedeutet. Die Parabel als lehrhafte Gattung setzt also zumeist eine Gesprächssituation zwischen Lehrendem und Lernendem voraus.

Gesprächssituation der Parabel

Wir verdeutlichen kurz, wie sich dem Publikum Lessings die Bedeutung der Ringparabel erschließt, um aus dem Vergleich ein präziseres Verständnis dessen zu gewinnen, was Brecht unter einem Parabelstück versteht (vgl. Lessing, *Nathan der Weise* III,7). Nathan erzählt von einem Vater, der aufgrund der Familientradition verpflichtet ist, einen Ring, der die „geheime Kraft" hat, „vor Gott und Menschen angenehm" zu machen, seinem Lieblingssohn zu vererben. Da er aber seine drei Söhne alle in gleicher Weise liebt, lässt er zwei Duplikate anfertigen, die er selbst von dem echten Ring nicht mehr zu unterscheiden vermag. Als die Söhne nach dem Tode des Vaters den frommen Betrug entdecken, geraten sie in Streit darüber, wer von ihnen den echten, mit Wunderkraft ausgestatteten Ring besitze, und übertragen die Entscheidung schließlich einem Richter.

Lessings Ringparabel

Erzählebene

Die Bedeutungsebene der Ringparabel erschließt sich durch die Gleichsetzung der drei Ringe mit den drei Weltreligionen, die Nathan dem Sultan als Schlüssel für

Bedeutungsebene

‚Scheitel' der Parabel

seine Erzählung vorgibt. Von diesem Ansatz aus lässt sich die Geschichte Punkt für Punkt von der Erzählebene auf die Bedeutungsebene übertragen: Der Vater, also Gott, schenkt die drei Ringe, die drei Offenbarungsreligionen, seinen drei Söhnen, Juden, Christen und Moslems; diese streiten sich darum, wer den echten Ring, also die wahre Offenbarung für sich in Anspruch nehmen kann. Nathan legt dem Richter, an dem Saladin sich ein Beispiel nehmen soll, die Vertagung des endgültigen Urteils auf ein anderes Gericht, das Jüngste Gericht am Ende aller Zeiten, nahe und ersetzt das geforderte Urteil durch den Appell, durch moralisches Handeln die Wunderkraft des echten Ringes, des rechten Glaubens also, zu erweisen.

Vermittlerfunktion des Erzählers der Parabel

Die Lektion, die Nathan dem Saladin erteilt, ist zugleich auch die Lehre, die der Aufklärer Lessing seinem Publikum erteilen will. Durch den Schlüssel der Ringparabel erschließt sich dem Zuschauer zugleich auch die Bedeutungsebene der Bühnenhandlung: Das gute Ende des Dramas, an dem sich Christ, Jude und Moslem, in Toleranz vereint, als Blutsverwandte erkennen, verweist auf ein gutes Ende des Geschichtsprozesses, das im Vertrauen auf dessen Lenkung durch eine weise Vorsehung zumindest erhofft werden darf. Indem die Ringparabel in ein Gespräch zwischen Nathan und Saladin eingebaut ist, das den Sultan und die Zuschauer zugleich in die Rolle der Lernenden versetzt, erhalten diese einen Wink für die Deutung des gesamten Dramas.

Parabel bei Brecht: Kein Erzähler als Vermittler

Die Aufschlüsselung des Parabolischen in Brechts Parabelstücken stellt an das Publikum insofern höhere Ansprüche, als die Vermittlerfunktion, die bei Lessing Nathan als Erzähler der Ringparabel übernimmt, entfällt. Der Dramatiker selbst spielt die Rolle des Parabelerzählers, ohne in die Bühnenhandlung eine Person einzuführen, die gleichsam als Interpret seiner Intention auftritt.

Die Dramenhandlung als Parabelerzählung

Daraus ergibt sich zugleich als Folge, dass die ‚erzählte' fiktionale Welt des Stücks schon ‚zugerichtet' ist, wie ja auch der Erzähler der Ringparabel absichtsvoll ‚drei' Ringe in die Parabel einführt. Die soziale Wirklichkeit soll also nicht, wie sie ist, abgebildet werden. Durch die Auswahl der Details der ‚Erzählung' werden vielmehr schon Rezeptionsvorgaben gemacht, die dazu dienen, die soziale Wirklichkeit durchschaubar zu machen.

Damit erfüllt das Parabelstück genau das, was Brecht als Realismus der Darstellung fordert. Wenn er die Aufspaltung einer Person in Shen Te und Shui Ta erfindet, geht dieser Fiktion schon die Erkenntnis voraus, dass die soziale Wirklichkeit durch Widersprüche charakterisiert ist. Der Denkimpuls, den er im Zuschauer erreichen will, kann damit schon nicht mehr in beliebige Richtungen verlaufen; er ist vielmehr von vornherein gesteuert. Zum anderen gibt Brecht eine Antwort, wie sie Lessing durch Nathan vermittelt, nicht. Durch das Bühnengeschehen werden nur Hypothesen aufgeworfen und erprobt, wobei dem Publikum ein ständig gegenwärtiges Bewusstsein der Fiktionalität erhalten bleibt.

Rezeptionsvorgaben durch den V-Effekt

So erweist sich das konkrete Beispiel der ‚Fabel' als Experiment, in dem nicht Wirklichkeit, wie sie ist und sein muss, sondern Wirklichkeit als Möglichkeit mit dem Blick darauf, wie es anders sein könnte, durchgespielt wird. Das Bühnengeschehen verhält sich zur sozialen Wirklichkeit wie die vom Naturwissenschaftler hergestellte Laborsituation zum Naturgeschehen. Das ist auch der Grund, weshalb in den einzelnen Bildern von Brechts Stück immer wieder neue Bedingungen eingeführt werden: Das Geldgeschenk der Götter, die Forderungen Lin Tos und Frau Mi Tzüs, die Heiratsannonce können zum Beispiel als Veränderung der Versuchsbedingungen des im Stück durchgespielten Experiments aufgefasst werden. Das Gespräch zwischen Saladin und Nathan, aus dem der Zuschauer die dem Sultan erteilte Lehre nur auf sich und sein Verhalten übertragen muss, vollzieht sich nun zwischen dem Zuschauer und dem Stückeschreiber über die Vermittlung der Bühnenhandlung. Deshalb bedarf das Parabelstück Brechts ästhetischer Signale, die den Reflexions- und Lernprozess des Zuschauers steuern und es ihm damit ermöglichen, aus der ‚erzählten' Bühnenhandlung die Bedeutungsebene zu erschließen. Diese Funktion übernehmen die V-Effekte.

Ästhetische Signale steuern Reflexion des Zuschauers

Epische Theatermittel in *Der gute Mensch von Sezuan*

Das 8. Bild als Beispiel für die Wirkung des V-Effekts

Die 8. Szene, die auch unter inhaltlichem Aspekt eine Schlüsselstellung einnimmt, bietet ein Beispiel dafür, wie Brecht den V-Effekt verwendet und welche Wirkungsabsicht er damit verknüpft. Frau Yang erzählt den Werdegang ihres Sohnes. Die Erzählsituation stellt nach Brechts Theorie zunächst einmal die Atmosphäre ruhiger und distanzierter Gelassenheit her, die dem Publikum Zeit zum Nachdenken geben soll. Wie wir Frau Yangs Worten entnehmen, soll ihre Erzählung eine Zeitspanne von drei Monaten überbrücken.

Frau Yangs Erzählung wird durch szenische Einblendungen unterbrochen

Wenn Frau Yang erzählt, dann geschieht dies aus ihrer subjektiven Perspektive. Um dem Zuschauer eine objektive Sicht zu ermöglichen, verfremdet Brecht die Erzählung, indem er sie durch szenische Rückblenden unterbricht. Die Technik der Rückblenden kann allerdings verschiedene Wirkungsabsichten haben. Sie dient zum Beispiel der Illustration einer Aussage (oder einer Stimmung). Bei Brecht ist das ganz offensichtlich nicht der Fall. Die szenischen Rückblenden stehen in deutlichem Kontrast zu Frau Yangs Bewertung der Vorgänge. Diese

Funktion der Einblendungen

spricht Shui Ta Weisheit und Strenge zu; die Einblendungen zeigen aber, dass Shui Ta Sun nur deshalb fördert, weil sein Verhalten seinen Interessen als Fabrikbesitzer nutzt. Frau Yang nennt den Posten ihres Sohnes „ehrliche Arbeit“ und Pflichterfüllung, obwohl das Publikum deutlich vor Augen hat, dass er sich zum Leuteschinder emporgearbeitet hat. Auch das Bühnenbild wird, ganz in

Kontrast zwischen Bühnenbild und Erzählung

Übereinstimmung mit Brechts Theorie, als Kontrast zu Yangs Erzählung eingesetzt. Angesichts der Baracken, in denen einige Familien „entsetzlich zusammengepfercht“ hinter Gittern hocken, wird Frau Yangs Dankbarkeit gegenüber Shui Ta höchst fragwürdig. Die Kombination der V-Effekte, Erzählung der Situation durch Frau Yang mit eingeblendeter szenischer Darstellung, ermöglicht dem Publikum eine kritische Stellungnahme zum Bühnengeschehen. Fragwürdig und damit kritisierbar wird durch diese Gegenüberstellung zunächst Frau Yangs Standpunkt, der sich als interessengebunden erkennen lässt. Da Frau Yang diese Interessen jedoch nicht offen ausspricht, sondern mit Gefühlen und moralischen Bewertungen verbrämt, liefert sie zugleich die Rechtfertigung für den von Shui Ta geschaffenen und erhaltenen Zustand.

V-Effekte fördern die kritische Stellungnahme des Publikums

Der Zuschauer kann diese ideologische Sehweise Frau Yangs zudem entlarven, da Brecht ihr eine überschwängliche Sprache in den Mund legt. Frau Yang preist nicht nur die Güte Shui Tas, sie hält ihn für „unendlich gütig", deshalb meint sie auch, ihr Sohn und sie könnten Herrn Shui Ta „wirklich nicht genug danken". Außerdem bewirken Anklänge an die Bibel und Zitate chinesischer Sprichwortweisheit die Hochgestochenheit ihrer Rede.

V-Effekt der Sprache

Die szenische Darstellung, die Sun als Aufseher zeigt, wird erneut durch das „Lied vom achten Elefanten" unterbrochen. Es erzählt die Parabel von den acht Elefanten des Herrn Dsching, die von einem ‚zahmen', das heißt diesem gehorsamen Elefanten, der im Gegensatz zu den Arbeitstieren seine Zähne behalten durfte, beim Roden des Waldes bewacht werden. Wie mehrfach im Werk Brechts dient der Elefant als Fabeltier in diesem Song dazu, die „Leiden der Brauchbarkeit" zu verdeutlichen. Die Situation – Sun treibt die Arbeiter durch rhythmisches Klatschen zu einem höheren Arbeitstempo an – lässt erkennen, dass der Song als Kritik an Sun vorgetragen wird, der seine intellektuellen Fähigkeiten in die Dienste Shui Tas stellt, um aus dem Elend seiner Arbeitskameraden Profit zu schlagen. Damit unterstützt er das System der Ausbeutung, dem er trotz der ihm wie dem achten Elefanten eingeräumten Privilegien letztlich ausgeliefert ist. Der von einem Arbeiter vorgetragene Song, in dessen Refrain alle einstimmen, spiegelt das Bühnengeschehen kritisch. Aber der Song ist durch weitere befremdliche Signale im Kontext der Szene verfugt. Sun singt lachend – so wird im Lied auch Herr Dschin charakterisiert – zunächst die dritte Strophe mit und beschleunigt in der letzten Stro-

Der Song als V-Effekt

Inhaltlicher Bezug zum Bühnengeschehen

Doppelung des V-Effekts entlarvt, auf welche Weise Sun Kritik umfunktioniert

phe das Arbeitstempo durch Händeklatschen. Die aufpeitschende Rhythmik des Protestsongs dient ihm zur Steigerung des Arbeitstempos. Damit verdeutlicht Brecht die Stabilität des Systems der Ausbeutung, das durch die von Frau Yang vorgetragene moralische Aufwertung und durch die Dienste seines Handlangers Sun gefestigt wird. Shui Ta und Sun präsentieren sich laut Regieanweisung als Einheit: Yang Sun singt lachend das auf ihn gemünzte Lied mit, hinter ihm tritt „gemächlich schlendernd und eine Zigarre rauchend" Shui Ta auf die Szene. Mit der Kritik an Suns Verhalten verknüpft sich also die Kritik an dem von Shui Ta errichteten System, dessen Funktionieren eben durch die vielfältigen Brechungen der Handlung, durch Erzählung, szenische Darstellung, Song und Regieanweisungen, sichtbar gemacht wird.

Übersicht über die wichtigsten V-Effekte des Stücks

V-Effekte im Hinblick auf die Handlung

Die wichtigsten V-Effekte sind hier unter den für das Drama grundlegenden Elementen von Handlung und Charakterisierung der Personen systematisch aufgeführt. Die Sprache, die gleichfalls als eine Realisierung des V-Effekts aufzufassen ist, wird, da in diesem Zusammenhang etwas ausführlichere Erläuterungen notwendig sind, im folgenden Kapitel gesondert behandelt.

V-Effekte der Handlungsebene

1. Die Provinz Sezuan als Ort und eine Zeit, welche durch die Verbindung frühkapitalistischer Wirtschaftsverhältnisse mit ersten Errungenschaften des technischen Zeitalters charakterisiert ist, schafft Distanz zwischen dem Bühnengeschehen und dem Publikum. Den Hinweis darauf, dass – bezogen auf das China nach der Roten Revolution – die Orte der Parabel heute nicht mehr zu denjenigen gehören, „an denen Menschen von Menschen ausgebeutet werden", hat Brecht nachträglich ergänzt. Das Stück wurde ja schon im Jahre 1943, also sechs Jahre vor Gründung der Volksrepublik China, in Zürich uraufgeführt.

2. Der gesamte Verlauf der Handlung ist insofern ‚verfremdet‘, als das Bühnengeschehen die Widersprüche der realen Welt modellhaft transparent macht. (Vgl. dazu S. 64 f.)

3. Verschiedene Wirklichkeitsebenen: Traum (Zwischenspiele), ‚reale‘ und legendenhafte Wirklichkeit (Vorspiel und 10. Bild) werden durch Montage verknüpft.

4. Der Handlungsverlauf wird durch verschiedene Mittel unterbrochen. Die Zwischenspiele, in denen die Götter Wang im Traum erscheinen, bringen keinen Fortgang der Handlung; sie dienen nur der Information des Zuschauers über die Beurteilung der Ereignisse durch Wang oder die Götter. Auch die Songs bedeuten, obwohl sie im Bühnengeschehen verankert sind, meist eine Unterbrechung der Handlung. Eine ähnliche Wirkung haben Partien in rhythmisierter Sprache, die ein Heraustreten des Schauspielers aus dem von der Bühnenrolle vorgegebenen Niveau signalisieren. Unterbrechungen des Zeitkontinuums werden außerdem durch das episierende Moment der Erzählung als Rückblende erreicht (8. Bild). Ähnliche Funktion hat die als Vorblende eingefügte Pantomime Shen Tes im siebten Bild, in der sie eine Szene aus dem Leben ihres noch ungeborenen Sohnes darstellt.

V-Effekte bei der Charakterisierung

V-Effekte im Hinblick auf die Personen

1. Die Aufspaltung einer Person in die Doppelrolle von Shen Te und Shui Ta ist als Produkt der herrschenden Verhältnisse zu verstehen; sie darf keinesfalls psychologisch als Kampf von ‚zwei Seelen‘ im Innern Shen Tes gedeutet werden. Auf die möglicherweise in verfremdender Absicht getroffene Wahl der chinesischen Namen – Shen Te bedeutet soviel wie ‚heilige Tugend‘, Shui Ta könnte mit ‚angenehm erreichen‘ übersetzt werden – hat Kurt Bräutigam hingewiesen (vgl. Bräutigam, 1966, S. 11). Die konträren Verhaltensweisen der Doppelrolle werden durch Parallelszenen hervorgehoben: Der Kontrast im Verhalten von Shen Te und Shui Ta zeigt sich gegenüber Wang im Vergleich des 4. mit dem 5. Bild; gegenüber Lin To im Vergleich des

1. mit dem 2. Bild; und gegenüber Sun am Ende des 4. Bildes.

2. Die Geschlossenheit der Bühnenfigur wird durch das Überspringen auf andere Reflexionsebenen verhindert. Das ist vor allem bei Shen Te, aber auch bei Wang in den Traumszenen der Fall. Seine naive Gläubigkeit, die ihn in eine Traumwelt versetzt, in der ihm die Götter erscheinen, steht oft in Kontrast mit dem Inhalt dieser Träume. Er erzählt den Göttern wie ein Meister den Schülern Parabeln – Situationen, die Brecht durch V-Effekte auffällig macht – und übertrifft dabei oft die Urteilsfähigkeit der „Erleuchteten". Auch er ist also eine Kunstfigur, deren Künstlichkeit Brecht deutlich hervorhebt.

3. Die komische Wirkung der Götter resultiert aus dem Widerspruch zwischen erwartetem und tatsächlichem Verhalten. Ihr Verschwinden am Ende des Stücks steht zudem in Kontrast mit dem aus der Antike überlieferten Dramenschluss, wo, durch Theatermaschinen auf die Szene gebracht, ein rettender *deus ex machina* allen Verwirrungen ein Ende setzte.

4. Die übrigen Personen sind durch ihre Zugehörigkeit zu bestimmten gesellschaftlichen Gruppierungen bestimmt; sie werden als Typen dargestellt. Sie gehören der besitzenden Klasse (Shu Fu, Frau Mi Tzü), der Schicht der kleinen Geschäftsleute, deren Existenz gefährdet ist (das Teppichhändlerehepaar), oder der großen Zahl der völlig Verelendeten (die achtköpfige Familie und im Verlauf des Stücks auch der Schreiner Lin To) an. Dass sich der Polizist, die Shin und vor allem Sun und seine Mutter als Stützen des Systems erweisen, die in ihrem kurzsichtigen Spekulieren auf den eigenen Vorteil nicht bedenken, dass sie damit zu ihrem eigenen Verderben beitragen, zeigt Brecht mit Hilfe von V-Effekten.

Sprache

Schlichtheit und Präzision

Zunächst fällt die Schlichtheit der Dialogsprache auf, die auf Ausschmückung durch Adjektive und Bilder verzichtet. Knappheit und Präzision charakterisieren die Sprache Brechts. Durch Abweichungen von diesem Stil charakterisiert er den sozialen Gestus, das heißt das charakteristische Verhalten bestimmter sozialer Gruppen. Das zeigt sich besonders deutlich an der Sprache von Personen, die zu der besitzenden Klasse gehören. Sie sprechen eine der Situation oft nicht angemessene überhöhte Sprache, die den falschen Schein, den sie damit erzeugen wollen, durch den Kontrast entlarvt. So gibt sich Herr Shu Fu, dessen eindeutige Absichten gegenüber Shen Te durchschaubar sind, der Lächerlichkeit preis, wenn er schwärmerisch verkündet: „Zwei Seelen werden sich finden, über den Blumen des Tisches“ (S. 73). Auch Frau Mi Tzü verbrämt ihre vorwiegend ökonomischen Interessen, wenn sie die Eröffnung von Shen Tes Laden als „schönen Augenblick“ feiert (S. 25). Frau Yang, die ihren Standpunkt als Erzählerin in dem 8. Bild als Stütze des bestehenden Systems charakterisiert, zeigt in ihrem Sprachverhalten, dass sie die herrschenden Werte verinnerlicht hat. Auch ihr dienen hochgestochene Worte zur Verschleierung ihrer eigentlichen Erwartungen, wenn sie in der Hochzeitsszene vernehmen lässt: „Oh, bitte nichts von Geschäften heute! Das bringt einen so gewöhnlichen Ton in die Feier“ (S. 80). Auch die Shin, wie Shen Te „am Rinnstein aufgewachsen“, imitiert als ‚Aufsteigerin‘ das Sprachverhalten der herrschenden Klasse: „Das beweist wohl echte Neigung, möchte ich meinen“ (S. 63). Die Neigung zur Phrasenhaftigkeit ist auch für die Sprache der Götter charakteristisch (S. 89: „Leid läutert“). Sie sprechen also die Sprache der Klasse, deren Interessen sie letztlich legitimieren.

Charakterisierung des sozialen Gestus

Dialogsprache – Reflexionssprache

Die Sprache Wangs und Shen Tes umfasst mehrere Ebenen. Der schlichten Dialogsprache stehen Partien in freien Rhythmen gegenüber, die vor allem durch rhetorische Mittel Nachdruck erhalten. Parataktisch gereihte Sätze (S. 46: „Ich bin eine Reiche […]. / Ich gehe allein. Ich schlafe allein“) oder an alttestamentarische Psalmen erinnernde Parallelismen (S. 75: „Ich will mit dem gehen, den ich liebe. / Ich will nicht ausrechnen, was es kostet“) sollen nur als beispielhafte Hinweise auf dieses Charakteristikum dienen. Insgesamt erreicht Brecht den V-Effekt auf sprachlicher Ebene im Wesentlichen durch Kontrastwirkung. Er montiert Sprachmaterial, das er literarischen Texten, besonders häufig der Bibel, entlehnt, mit ‚niederen‘ Sprachebenen, zum Beispiel volkstümlichen und redensartlichen Wendungen. Der künstlich überhöhte Sprachgebrauch von Frau Yang, der Versatzstücke aus der Bibel enthält (S. 105: „Du bist vom rechten Weg abgewichen“), steht zum Beispiel in Kontrast zu der kühlen, äußerst direkten Ausdrucksweise ihres Sohnes.

Komik durch Kontraste

Auch die Wirkung der in diesem Stück weniger häufig verwendeten Parodie beruht auf dem Kontrast. Am Schluss verwendet er allerdings parodistisch die Reimform, die er als Ausdrucksmittel seiner Lyrik ablehnt, um die komische Wirkung des Entschwindens der Götter zu verstärken.

Parodie

Unpersönliche Ausdrücke

Die für die Sprache Brechts insgesamt typische Häufung unpersönlicher Ausdrucksweisen hat unterschiedliche Funktionen. Sie kann der Charakterisierung des sozialen Gestus dienen. Dies ist der Fall, wenn Shu Fu sein Verhalten gegenüber Shen Te charakterisiert, sich als ‚Täter‘ aber ausspart: „Kann man mehr tun? ... Nein, hier wird nicht eine unglückliche Lage ausgenutzt“ (S. 73). So versteckt sich auch Frau Mi Tzü hinter der Anonymität von Floskeln: „Das hat man davon, wenn man Leute ins Haus nimmt“ (S. 37). Auch die Götter formulieren ihre moralischen Appelle in Form von Gemeinplätzen (S. 51: „Ganz gleich, man bezahlt, was man schuldig ist“). Aber auch in den Songs kommen solche unpersönlichen Wendungen vor. Dort bringen sie oft Gruppenerfahrungen zum Ausdruck (S. 86: „das hat wohl ein jeder gehört“; S. 87: „heißt es“).

Epischer Sprachgestus

Dass bei Brecht die ‚Bühne erzählt‘, wird auch an episierenden Momenten der Sprache deutlich. Die Songs stehen häufig im Präteritum. Dementsprechend häufig sind zeitliche Verweise (S. 27: „Einstmals, vor das Alter meine Haare bleichte“; S. 86: „Eines Tages, und das hat wohl ein jeder gehört“). Auch Shen Te verwendet zur Selbstcharakterisierung das Präteritum, so zum Beispiel an einer Stelle, an der sie eher ihre Wünsche als die Realität vor Sun darstellt (S. 46: „Ich bin eine Reiche, sagte ich“).

Der gute Mensch von Sezuan – Verzicht auf literarische Utopie?

Literarische Utopie bei Lessing

Literarische Utopie bei Lessing: Entwurf einer idealen Welt

Das Ziel, zur Schaffung einer besseren Gesellschaft beizutragen, das Brecht mit dem Aufklärer Lessing teilt, legt es nahe, sein Werk unter dem Gesichtspunkt der literarischen Utopie zu interpretieren, wie dies bei Lessing möglich ist. Der etwas schwierige Begriff der literarischen Utopie soll hier weder in der am weitesten gefassten Bedeutung, die fast gleichzusetzen ist mit ‚fiktional', das heißt: als Phantasiegebilde von einem Dichter ausgedacht, noch in dem sehr engen Sinne einer ausgemalten Zukunft, wie es in der Science-Fiction-Literatur der Fall ist, verstanden werden. Gemeint ist hier die literarische Gestaltung einer besseren Welt als Kritik an schlechten Verhältnissen und Entwurf einer idealen Welt. Wie schon in der *Utopia* von Thomas Morus steht bei Lessing der Kritik an religiöser Intoleranz das positive Leitbild einer in brüderlicher Toleranz vereinten Menschheit gegenüber.

Die am Ende des dramatischen Gedichts *Nathan der Weise* aufscheinende Möglichkeit eines guten Endes setzt aber nicht den Schlussstrich unter den Erziehungsprozess der Menschheit, er bleibt vielmehr in Richtung auf die Zukunft offen. Das in die Zukunft projizierte Ideal ist bei Lessing in seinem Inhalt jedoch umrisshaft bestimmbar, sein Eintreten erscheint ihm in der Schrift „Erziehung des Menschengeschlechts" gewiss:

> § 85
>
> Nein, sie wird kommen, sie wird gewiß kommen, die Zeit der Vollendung, da der Mensch, je überzeugter sein Verstand einer immer bessern Zukunft sich fühlet, von dieser Zukunft gleichwohl Bewegungsgründe zu seinen Handlungen zu erborgen nicht nötig haben wird; da er das Gute tun wird, weil es das Gute ist, nicht weil will-

kürliche Belohnungen darauf gesetzt sind, die seinen flatterhaften Blick ehedem bloß heften und stärken sollten, die innern bessern Belohnungen desselben zu erkennen.

Die bessere Zukunft ist primär durch eine Verbesserung der moralischen Qualitäten, die sich im Inneren des Menschen abspielt, charakterisiert.

Literarische Utopie bei Brecht?

Zielvorstellung bei Brecht?

Wie steht es nun bei dem Gesellschaftskritiker Brecht mit dem Entwurf einer konkret funktionierenden befreiten Gesellschaft? In der Tat gewinnt die modellhafte Antizipation eines gelingenden Lebens in einer gerechten Gesellschaft bei Brecht, wenn man einmal von der durch V-Effekte fragwürdigen ‚goldenen Zeit' des Richteramtes von Azdak im *Kaukasischen Kreisekreis* absieht, kaum Gestalt. Dieser ‚Mangel' hat seine Ursache in Brechts geschichtsphilosophischen Voraussetzungen:

> „Die Große Ordnung verwirklichen
> Viele halten die *Große Ordnung*, von der Ka-meh, En-fu und Mi-en-Ich gesprochen haben, für eine aller vorhandenen Ordnung oder Unordnung ganz entgegengesetzte Ordnung, einen fertigen Plan, den es zu verwirklichen gilt. Nun ist sicher, was wir haben, Unordnung, und was wir planen, Ordnung, aber das Neue ergibt sich aus dem Alten und ist seine nächste Stufe. Wir versuchen weniger, etwas ganz Anderes, zu dem es keinen Zugang gibt, durchzusetzen, als den nächsten Schritt zu tun, d. h. den Schluß aus dem Vorhandenen zu ziehen. Das Neue entsteht, indem das Alte umgewälzt, fortgeführt, entwickelt wird." (Brecht, *Prosa*, S. 527)

Kein konkreter Gegenentwurf bei Brecht

Ein idealer Endzustand ist für Brecht auf der Bühne schon deshalb nicht darstellbar, weil sein Inhalt noch nicht bestimmt und auch nicht bestimmbar ist. Im Gegensatz zu Lessing, für den die „Zeit der Vollendung", die am Ende des Geschichts- und Erziehungsprozesses der Menschheit steht, schon als moralische Vervollkommnung charakterisiert werden und deshalb auch als glückliches Ende seines Dramas zum Vorschein kommen kann, verleihen bei Brecht die Menschen diesem

Ziel erst im Verlauf des Geschichtsprozesses allmählich konkrete Gestalt. Da jede Zeit ihre Chancen und Schwierigkeiten hat, würde Brecht seinem eigenen Ansatz widersprechen und unhistorisch verfahren, wenn er vorgeben würde, aus den historischen Bedingtheiten seiner Zeit heraus ein überzeitlich gültiges Ziel der Menschheitsgeschichte entwerfen zu können.

„Die Hoffnung auf den Sankt Nimmerleinstag"

Zur Interpretation eines Leitmotivs der Songs

Verweise auf ‚Utopia'

Nun verweisen aber in *Der gute Mensch von Sezuan* auffällig viele Songs auf den Bereich der Utopie. Vier von insgesamt fünf Songs handeln vom Thema der Hoffnung auf eine bessere Zukunft. Bei allen führen Wünschen und Hoffen zur Ratlosigkeit oder Resignation der Sänger. Das „Lied vom Rauch" endet mit der Feststellung, dass das Tor zur Zukunft „nur ins Nichts" offen steht.

Scheiternde Hoffnungen

Wangs Wunschträume von der großen Dürre ändern nichts an der Realität des strömenden Regens, sodass er am Schluss des Liedes die ausbleibenden Käufer beschimpft: „Kauft Wasser, ihr Hunde!" Shen Tes „Lied von der Wehrlosigkeit der Götter und Guten" schließt mit der hilflosen Frage nach dem Eingreifen der Götter: „Warum stehn sie den Guten nicht bei mit Tanks und Kanonen / Und befehlen: Gebt Feuer! Und dulden kein Dulden?" Suns „Lied vom Sankt Nimmerleinstag" endet im Paradox (S. 87: „Am Sankt Nimmerleinstag / Beim ersten Hahnenschrei"). Durch das Mittel des V-Effekts versetzt Brecht den Zuschauer in die Lage, die Gründe für das Scheitern der vorgetragenen Hoffnungen herauszufinden. Die Verknüpfung der Songs mit dem Handlungszusammenhang der Szene akzentuiert ihre

Denkaufgabe für den Zuschauer

Bedeutung als Spiegelung des Geschehens, das den Zuschauer zur Stellungnahme auffordert. Das „Lied vom Sankt Nimmerleinstag" nimmt die Situation des vergeblichen Wartens auf Shui Ta auf, das „Lied des Wasserverkäufers im Regen" die Schwierigkeiten Wangs, bei strömendem Regen seine Ware zu verkaufen; das „Lied von der Wehrlosigkeit der Götter und Guten" gibt eine notwendige Information: die Verkleidung Shen Tes als Shui Ta.

Vermittlung von Distanz

Der Sänger schafft durch das Vortreten an die Rampe Kontakt mit dem Publikum und zugleich Distanz zu seiner Bühnenrolle, die durch verfremdende sprachliche Signale noch verstärkt wird. Shen Tes „Lied von der Wehrlosigkeit der Götter und Guten“ unterscheidet sich durch den höheren Abstraktionsgrad von ihrer sonstigen Redeweise. Der Großvater, der Mann und die Nichte sprechen in dem „Lied vom Rauch“ eine gehobene Sprache, über die sie im Bühnendialog nicht verfügen. Das Motiv der Kälte gebraucht Brecht auch in seiner Lyrik als Metapher für den schlechten Zustand der Welt. (Vgl. etwa *Gedichte*, S. 61: „Was für eine Kälte muß über die Leute gekommen sein.“)

Eingeschränkte Perspektive auf der Bühne – erweiterte Perspektive des Publikums

Die Inhalte der Wünsche und Hoffnungen und die Vorstellungen über ihre Realisierbarkeit bleiben an die durch ihre Situation bedingte eingeschränkte Perspektive der Sänger gebunden. Damit die Guten gut bleiben können, fordert Shen Te einen realen Eingriff in den Zustand der Welt mit „Tanks und Kanonen“, wendet sich aber an die falschen Instanzen, wenn sie ihre Frage an die Götter richtet. Wang setzt im „Lied des Wasserverkäufers im Regen“ seine ganze Hoffnung auf die Dürre, ein Naturereignis, das ungeeignet ist, seine ökonomische Situation von Grund auf zu ändern. Sun verknüpft in seinem „Lied vom Sankt Nimmerleinstag“ seinen persönlichen Wunsch, eine Fliegerstelle zu erhalten, und seine Hoffnung auf eine bessere Gesellschaft (4. Strophe) mit der Märchenvorstellung des Schlaraffenlandes („Ohne daß er mehr tut“), einer Änderung der Naturgesetze („Und das Gras sieht den Himmel hinab“) und religiösen Heilserwartungen („Eines Tags, […] / Kommt des armen Weibs Sohn auf ‚nen goldenen Thron“; „Wird die Erde zum Paradies“). Er hofft also auf den Jüngsten Tag, an dem die Guten belohnt und die Schlechten bestraft werden sollen (2. Strophe). Der falschen Annahme, dass eine Veränderung der schlechten Lebensbedingungen durch eine Änderung des Verhaltens bewirkt werden könne, verfallen die Sänger des „Liedes vom Rauch“.

Verführung zu illusionärer Hoffnung

Indem der Zuschauer die Gründe des Scheiterns der Hoffnungen darin erkennt, dass sich die Sänger von der gesellschaftlichen Realität abwenden und auf bloße Illusionen bauen, wird es ihm zugleich möglich, deren Resignation nicht als notwendige Reaktion hinzunehmen, sondern nach Alternativen zu fragen. Das künstlerische Raffinement, das Brecht einsetzt, um durch die Gegenüberstellung von Bühnengeschehen und Song beim Publikum einen Reflexionsprozess in Gang zu bringen, zeigt sich besonders deutlich am 6. Bild. Sun singt nach seinen eigenen Worten das Lied zur „Unterhaltung" in einer Situation, die ebenso wenig wie die der Sänger des „Liedes vom Rauch" dazu geeignet erscheint, unterhaltsame Lieder vorzutragen. Er singt es außerdem, wie er sagt, für seine Gäste, die zu diesem Zeitpunkt die Szene allerdings schon verlassen haben. Die Rolle der imaginären Gäste muss also das Publikum einnehmen. Der schon durch den Widerspruch zwischen der Bühnensituation und Suns Behauptungen verfremdend eingeführte Song bietet selbst ein Musterbeispiel dafür, wie Brecht durch sprachliche Signale Widersprüche erkennbar macht. Die illusionären Hoffnungen Suns erfüllen sich nach seinen eigenen Worten am Sankt Nimmerleinstag, also nie. Mit der Wahl der redensartlichen Metapher, die aus dem religiösen Bereich stammt, setzt Brecht für das Publikum ein Signal, das im Zusammenhang mit den im Song vorhandenen Anklängen an religiöse Heilserwartungen einen Hinweis auf die Frage gibt, woher Suns verkehrte Hoffnungen stammen. Das Illusionäre seiner Hoffnung zeigt sich auch an seinen widersprüchlichen Aussagen über den Zeitpunkt der erhofften Veränderung. Präzise Zeitangaben („um halb acht oder acht") werden mit dem schon durch die Wortwahl als Phantasterei charakterisierten Sankt Nimmerleinstag verknüpft. In den beiden letzten Zeilen spitzt sich durch die harte Aneinanderfügung von zwei logisch unvereinbaren Metaphern die Widersprüchlichkeit von Suns Aussage zum Paradox zu.

Das Paradox des Sankt Nimmerleinstags

Das von Brecht eingesetzte Stilmittel von Kontrast und Widerspruch ist insofern im Sinne seiner ästhetischen Theorie realistisch, als es die Widersprüche der bestehenden Gesellschaftsordnung sichtbar macht. Indem das 8. Bild den Zusammenhang zwischen den ökonomischen Grundbedingungen des Bühnengeschehens und dem Interesse der herrschenden Klasse, in erster Linie repräsentiert durch Shui Ta, an der Legitimation der ungerechten bestehenden Gesellschaftsordnung durch angeblich von

Die Methode der Dialektik als Instrument Brechts

Ideologiekritik/ Religionskritik

den Göttern eingesetzte ewig gültige ‚Gebote' und Werte aufzeigt, entspricht Brecht mit seinem Parabelstück den Forderungen der historischen Dialektik. Seine zentrale Wirkungsabsicht ist die Kritik an der bürgerlichen Ideologie und Religionskritik, insofern sich die Religion als Stütze der herrschenden schlechten Verhältnisse erweist. Sowohl die in den Songs geradezu leitmotivisch wiederkehrende Desillusionierung illusionärer Hoffnungen als auch die durch Komik bewirkte Kritik an dem Verhalten der Götter, die am Ende des Stücks ihre Scheinexistenz selbst offenbaren, indem sie unter operettenhaftem Gesang ankündigen, dass sie in ihr „Nichts" zurückkehren wollen, weisen in diese Richtung. Indem Brecht den Appell der Religion und auch der traditionellen Aufklärung an das Individuum, sich in erster Linie gut zu verhalten, als falschen Schein, der nur der Erhaltung bestehender Herrschaftsverhältnisse dient, also als Ideologie entlarvt, fordert er zugleich das Publikum zu einer Änderung des Zustandes der Ausbeutung, wie ihn das 8. Bild vorführt, auf. Diese Aufforderung erfolgt aber weder durch eine Vorgabe des Ideals auf der Bühne noch durch direkte Appelle. Veränderung soll vielmehr als Ergebnis eines Denkaktes, den der Zuschauer aus seiner eigenen historischen Situation heraus zu leisten hat, verwirklicht werden. Indem dieser an seine eigenen geschichtlichen Gegebenheiten anknüpft und nach seinen Möglichkeiten handelt, leistet er einen Beitrag zum noch ungewissen, aber möglichen guten Ende des Geschichtsprozesses, dessen konkrete Gestalt sich erst noch herauskristallisieren muss. Brechts Stück stellt zwar kein utopisches Ziel als Gegenstand dar. Die ästhetischen Mittel, die er benutzt, haben jedoch utopische Funktion, da er sie einsetzt, um sein Publikum zu einem ‚eingreifenden Denken', dessen Fernziel eine ‚gute', also herrschaftsfreie Gesellschaft ist, zu veranlassen.

Aktivierung des Publikums

Utopie bei Brecht

Interpretationsansätze

Diskussionsansatz: Der ‚offene' Schluss

Die Interpretation von Brechts Stücken scheint zunächst aufgrund ihres eindeutigen Bezugs auf die marxistische Theorie konträre Forschungsmeinungen auszuschließen. Dennoch hat das Parabelstück *Der gute Mensch von Sezuan* Anlass zu Diskussionen gegeben, die sich an dem ‚offenen‘ Schluss entzündet haben. Dabei stehen sich zwei grundsätzlich verschiedene Forschungsrichtungen gegenüber. Interpretationen, die selbst von einer marxistischen Grundposition ausgehen oder zumindest Brechts Stück auf dem Hintergrund von dessen Theorie auszulegen versuchen, stehen andere gegenüber, die es vom Standpunkt der traditionellen Aufklärung aus und unter den Gesichtspunkten einer nicht-marxistischen Ästhetik erklären wollen.

Für den marxistischen Ansatz ergibt sich der Schluss des Stücks als notwendige Denkkonsequenz; er bleibt also weder offen noch mehrdeutig, noch ist er tragisch. Vielmehr hebt dieser die komödienhaften Elemente des Stücks hervor, die als Charakterisierung der Überholtheit der bürgerlichen Gesellschaft aus sozialistischer Perspektive erklärt werden. Den Ansatzpunkt nicht-marxistischer Interpretationen bildet die Hilflosigkeit, in der Shen Te aufgrund ihrer historischen Bedingtheit am Ende zurückbleibt und die auf die tragische Ausweglosigkeit des Individuums verweist. Dieses ‚offene‘ Ende soll den Impuls zu einer selbstständigen Urteilsfindung des Lesers oder der Leserin geben.

Literaturhinweise

Wer seine Kenntnisse über Brecht vertiefen will, sollte vor allem noch weitere Stücke, Gedichte und theoretische Schriften von ihm lesen. Alle Zitate aus weiteren Schriften Brechts beziehen sich auf die Ausgabe: Bertolt Brecht, *Gesammelte Werke. Werkausgabe in 20 Bänden*, Frankfurt a. M.: Suhrkamp, 1967.
Für die angesichts der äußerst umfangreichen Sekundärliteratur bewusst bescheidene Auswahl von Titeln war der Gesichtspunkt ausschlaggebend, dass sie alle zur Vertiefung des Themas beitragen, ohne einen für Schüler zumutbaren Umfang zu überschreiten.

Benjamin, Walter: Was ist episches Theater? In: Episches Theater. Hrsg. von Reinhold Grimm. Köln/Berlin: Kiepenheuer & Witsch, 1966.

Bräutigam, Kurt: *Der gute Mensch von Sezuan*. München: Oldenbourg, 1966.

Brechts *Guter Mensch von Sezuan*. Hrsg. von Jan Knopf. Frankfurt a. M.: Suhrkamp, 1982. (Suhrkamp Taschenbuch Materialien.) [Zit. als: Materialien.]

Fahrenbach, Helmut: Brecht zur Einführung. Hamburg: Junius, 1986.

Hinderer, Walter (Hrsg.): Interpretationen: Brechts Dramen. Stuttgart: Reclam, 1995.

Kant, Immanuel: Grundlegung zur Metaphysik der Sitten. in: I. K.: Werke in sechs Bänden. Hrsg. von Wilhelm Weischedel. Bd. 4. Darmstadt 1956.

– Schriften zur Anthropologie in pragmatischer Hinsicht. In: Werke in sechs Bänden. Hrsg. von Wilhelm Weischedel. Bd. 6. Frankfurt a. M. 1964.

Kesting, Marianne: Brecht. Reinbek bei Hamburg: Rowohlt, [1]1959.

Knopf, Jan: *Der gute Mensch von Sezuan*. In: Brecht-Handbuch. Bd. 1: Stücke. Hrsg. von J. K. Stuttgart/Weimar: Poeschel, 2001. S. 418–440.

– Bertolt Brecht. Stuttgart: Reclam, 2000.

Marx, Karl / Engels, Friedrich: Werke. Hrsg. vom Institut für Marxismus-Leninismus. Berlin 1975 f. [Zit. als: MEW.]

– Ausgewählte Briefe. Berlin: Dietz Verlag, 1953. [Zit. als: Briefe.]

Materialien zu Brechts *Der gute Mensch von Sezuan*. Hrsg. von Werner Hecht. Frankfurt a. M.: Suhrkamp, 1968.

Payrhuber, Franz-Josef: Bertolt Brecht. *Der gute Mensch von Sezuan*. Stuttgart: Reclam, 2006. (Lektüreschlüssel für Schüler.)

Schmitt, Hans-Jürgen (Hrsg.): Die Expressionismusdebatte. Materialien zu einer marxistischen Realismuskonzeption. Frankfurt a. M.: Suhrkamp, 1973 [u. ö.].

Prüfungsaufgaben und Lösungen

I „[…] und müßte ich / Zum Tiger werden“ – Shen Tes Moral

Text: Auszug aus dem 7. Bild, S. 95 (SHEN TE Warum sind Sie so böse?) bis S. 101 (Ende des 7. Bildes)

Aufgabe

Analysieren Sie detailliert diesen Auszug aus dem 7. Bild.

1. Fassen Sie kurz die vorausgehende Handlung zusammen.
2. Stellen Sie Shen Tes Veränderungen dar.
3. Erläutern Sie, welche Bedeutung diesem Textauszug im Zusammenhang des gesamten Dramas zukommt.
4. Nennen Sie sprachliche Gestaltungsmittel in den Äußerungen von Shen Te / Shui Ta und überlegen Sie deren Bedeutung.
5. Arbeiten Sie Elemente des epischen Theaters heraus und legen Sie deren Funktion dar.

Lösungsvorschläge

Zu 1

In Brechts Parabelstück *Der gute Mensch von Sezuan* geht es um die Frage, wie ein guter Mensch unter schlechten sozialen und ökonomischen Bedingungen überleben und dazu noch gut bleiben kann. Shen Te, die Hauptperson, eine ehemalige Prostituierte, ist die Einzige in Sezuan, die die Götter beherbergt. Als Lohn erhält sie von den Göttern Geld, von dem sie sich einen Tabakladen kauft. Doch sie verschenkt zu viel und steht nun – zu Beginn des 7. Bildes – vor dem Ruin, obwohl sie schon zweimal in die Rolle des erfundenen strengen Vetters Shui Ta geschlüpft ist. Auch ist Shen Te jetzt schwanger. Sie kann die Ladenmiete nicht mehr bezahlen, da sie die geliehenen 200 Dollar erstatten möchte, die sie aber bereits Sun, dem geliebten stellenlosen Flieger, dem Vater ihres Kindes, gegeben hat. Ihr Verehrer Shu Fu stellt ihr einen Blankoscheck aus, den sie nicht annehmen will. Nachdem sie ihren ungeborenen Sohn dem Publikum vorgestellt hat, kommt der arme Wasserverkäufer Wang mit einem obdachlosen Kind. Shen Te hilft sofort und schickt das Kind zu den Baracken des Shu Fu, in denen den Armen geholfen werden soll. Sie schenkt Wang ihren Wagen, ihre letzte Habe, damit Wang seine verletzte Hand kurieren lassen kann. Frau Shin, die von Shen Te profitiert, sie aber gleichwohl missgünstig kritisiert, klagt bei Shen Te die Begleichung ihrer Schulden ein. An dieser Stelle setzt der zu bearbeitende Ausschnitt ein.

Zu 2

Shen Te fragt die Shin, warum sie so böse sei. Dann unterbricht sie die Handlung und wendet sich in freien Rhythmen an das Publikum mit einer Reflexion über die Anstrengung des Böseseins. Sie plädiert für die angenehme Haltung, die in der Freundlichkeit besteht. Prompt lässt sie sich erneut ausnutzen, sie versteckt nach anfänglichem Zögern für ein ältliches Ehepaar Ballen von Tabak, die wohl nicht rechtmäßig erworben sind. Als sie sieht, wie das obdachlose Kind im Mülleimer nach Essen sucht, erbarmt sie sich über „das Los armer Kinder“ (S. 97). Für ihr eigenes Kind beschließt sie, zum Tiger zu werden (vgl. ebd.), und verwandelt sich sofort wieder in den Vetter Shui Ta. Als dieser nimmt sie ihre Zusage für Obdach zurück, die sie als Shen Te auch anderen Armen, die sich schon im 1. Bild als Schmarotzer erwiesen haben, gegeben hat. Shui Ta kündigt an, dass die Armen nun eine Gegenleistung zeigen sollen. Jeder soll Arbeit in der neu errichteten Tabakfabrik, die Shui Ta – im Auftrage Shen Tes – leitet, erhalten. Als Shui Ta wird nun auch der Blankoscheck Shu Fus eingelöst. Die eingestellten Arbeiter sind unzufrieden und bestätigen so ihren parasitären Gestus. Der Shin fallen Unstimmigkeiten zwischen Shen Te und Shui Ta auf, aber sie spricht ihren möglichen Verdacht bezüglich der Doppelrolle Shen Tes noch nicht aus.

Zu 3

Die unbedingte Bereitschaft, ihrem Kind ein gutes Leben zu bereiten, lässt Shen Te nun endgültig zu Shui Ta werden, der zunehmend in der Rolle des Kapitalisten aufgeht. Ab dem nächsten Bild zeigt sich Shen Te nur noch als Shui Ta, versucht so, ihre Schwangerschaft zu verbergen und für den künftigen Sohn zu kämpfen, bis sie sich in der Gerichtsszene am Ende des Stücks zu erkennen gibt. Hier gesteht sie ein, dass sie dem Auftrag der Götter nicht folgen konnte: „[...] gut sein zu andern / Und zu mir konnte ich nicht zugleich“ (S. 130).

Zu 4

In ihrer Rede spricht sie pathetisch ihren ungeborenen Sohn mit einer Apostrophe an: „O Sohn, o Flieger!“ Für sie ist es selbstverständlich, dass ihr Kind sowohl ein Sohn als auch ein Flieger sein wird, den Idealen seines Vaters folgend. An die Anrede reihen sich mehrere rhetorische Fragen und Ausrufe an, die die Sorge deutlich machen, dass es ihrem Kind so ergehen könnte wie dem obdachlosen Kind. Sie klagt die Welt der Unbarmherzigkeit gegenüber Kindern an. Ihr Entschluss, ihr Kind zu verteidigen, zeigt sich in den Kraft vermittelnden Metaphern „und müßte ich / Zum Tiger werden“ und „Tiger und wildes Tier / Zu allen andern“. Ihre Absicht, nicht mehr die Gütige zu sein, bekräftigt sie in einer feierlichen, im Duktus an antike Tragödien erinnernden Formulierung: „Ja, von Stund an / Da ich das gesehen habe, will ich mich scheiden / Von allen und nicht ruhen / Bis ich meinen Sohn gerettet habe, wenigsten ihn!“ Sie bezeichnet die „Gosse“ als ihre Schule, ihre Kenntnis der Gesetze der Straße sollen nun ihrem Sohn dienlich sein. Ihre Entscheidung, als Shui Ta zu wirken, bekräftigt sie mit einem die Rede abschließenden kurzen Satz: „Und / Es muß sein.“

Als Shui Ta wird Shen Tes Diktion kürzer und sachlicher. Höflich beharrt Shui Ta auf seinem Recht: „Darf ich fragen, was Sie alle hier wollen?" (S. 99) Er betont seine Seriosität als einer, der Shen Tes Pläne ausführt. Er stellt sich als Retter vor, der eine Gegenleistung verlangt. Alle, die ihm folgen, so verspricht er, werden „nicht ins Nichts" (ebd.) geführt. Er kürzt mögliche längere Gespräche ab und führt den Dialog. Dies entspricht seiner Rolle, energisch die Geschäfte zu führen.

Zu 5

Zu Beginn des Ausschnitts spricht Shen Te das Publikum an mit einer Reflexion über die Anstrengung des Böseseins. Dieses Mittel des epischen Theaters spiegelt die Problematik des Stücks auf einer allgemeinen Ebene. Brecht wählt dazu eine alten Weisheitstexten entlehnte Sprache. Shen Te tritt hier aus der Handlung heraus, ein typisches Mittel des epischen Theaters, in dem einzelne Teile eine selbstständige Funktion haben. Im epischen Theater soll die Beziehung zwischen Bühne und Zuschauer verändert werden, der Zuschauer soll wie hier durch eine direkte Ansprache aktiviert werden. Dabei wird auch deutlich, dass der Schauspieler im epischen Theater sich nicht mit seiner Rolle identifizieren, sondern sie zeigen soll. Bevor Shen Te ihren künftigen Sohn anredet, wird der Inhalt der Rede zusammengefasst. Auch diese Zurücknahme von Spannung auf den Ausgang gehört zu Brechts Theaterkonzeption. Die Unterbrechung des Handlungskontinuums dient der Reflexion. Auch wird die Rede begleitet von einer Pantomime Shen Tes, in der sie ihr noch nicht geborenes Kind imaginiert. Der Verfremdung insgesamt dienen die Doppelrolle der Shen Te, die Namensgebung, der stilisierte Schauplatz.

II „Am Sankt Nimmerleinstag" – Resignation

Text: „Das Lied vom Sankt Nimmerleinstag" (S. 86 f.)

Aufgabe

Analysieren Sie „Das Lied vom Sankt Nimmerleinstag" in Bild 6.
Berücksichtigen Sie dabei

1. den Bezug zur Szene 6 und den gesamten Kontext des Stücks,
2. inhaltliche und formale Aspekte des Liedes,
3. den Bezug zur Theorie des epischen Theaters.

Lösungsvorschläge

Zu 1

In dieser Szene soll die geplante Hochzeitsfeier der Protagonistin Shen Te mit dem arbeitslosen Flieger Sun stattfinden. Shen Te hat zuvor von den Göttern ein Geldgeschenk erhalten, das sie befähigen sollte, als guter Mensch auch gut zu wirken. Dies gelingt ihr jedoch nur dadurch, dass sie zeitweise in die Rolle des erfundenen harten Vetters Shui Ta schlüpft. Shen Te, die zuvor in der Maske des Shui Ta die trügerische Heiratsabsicht Suns erkannt hat, hält in Szene 6 an ihrer Liebe zu Sun fest. Doch während der Feier erkennt sie, dass Sun sie – wie viele andere in dem Stück – finanziell ausbeuten will. Sun verschiebt die Hochzeit, weil Shui Ta als vermeintlicher Überbringer des Geldes, das der Finanzierung seiner künftigen Fliegerstelle dienen soll, nicht erscheint. Am Ende der Szene singt Sun das „Lied vom Sankt Nimmerleinstag", das zunächst seiner eigenen Resignation Ausdruck gibt, aber darüber hinaus auch eine zentrale Thematik des Stücks spiegelt: die Resignation des Volkes, das zugleich Repräsentant und Opfer der kapitalistischen Ordnung ist.

Zu 2

- Thema des Liedes ist der Verzicht auf Hoffnung, dass sich die schlechten Zustände jemals bessern könnten. Paradiesische Vorstellungen wie der Aufstieg des Armen in die Oberschicht, die Vereinbarkeit von Güte und Gewinn und nicht zuletzt Suns persönlicher Wunsch, Flieger zu werden, werden erst am „Sankt Nimmerleinstag", also gar nicht realisiert werden können. In den ersten beiden Strophen wird im ersten Teil jeweils von der Auflösung gesellschaftlicher Widersprüche gesungen, in der dritten Strophe wird deren Aussichtslosigkeit durch die Utopie von der Verkehrung der Naturgesetze verstärkt („Und das Gras sieht auf den Himmel hinab"). In Z. 1 der vierten Strophe bezieht Sun die Utopie auf sich. In den folgenden Zeilen ist jedoch auch von den Wünschen anderer Unterprivilegierter (Soldat, Arbeitsloser, „armes Weib") die Rede.

- Mit kontrastiven Adjektiven wie „ärmlich“ und „golden“ (Strophe 1) wird der gesellschaftliche Widerspruch deutlich gemacht. Die zentrale Frage des Stücks – wie kann der gute Mensch auch gut leben – wird in Z. 9 formal durch Wortspiel und Alliteration konzentriert dargestellt: der Wunsch nach dem Einklang von „Verdienst und Verdienen“.
- Der resignative Ton der fünf Strophen wird durch den Aufbau unterstrichen. Die Strophen sind jeweils zweigeteilt. Im ersten Teil wird die „Heilserwartung“ ausgesprochen, doch der erste Vers des Refrains am Ende jeder Strophe lässt den Aufschub der Erfüllung dieser Erwartungen auf den „Sankt Nimmerleinstag“ erkennen. Durch das Reimschema (identischer Reim), also durch die Wiederholung des letzten Wortes der 3. bzw. 4. Zeile, wird die Aussichtslosigkeit der Wünsche betont. Durch die Verwendung der religiös gefärbten Redensart „Sankt Nimmerleinstag“ wird Ironie deutlich, denn es geht ja um irdische und gerade nicht religiöse Erwartungen.
- Die erste und die letzte Strophe beziehen sich im ersten Teil auf ein Gerücht, auf eine Beschwichtigungsstrategie, um möglicher Ungeduld bezüglich der Wunscherfüllung vorzubeugen („Und das hat wohl ein jeder gehört“, Z. 1; „Heißt es“, Z. 26). Im Refrain wird das Gerücht jedoch zurückgenommen und durch die paradoxe Zeitangabe in die Sphäre des Unmöglichen gebracht: „Am Sankt Nimmerleinstag / Beim ersten Hahnenschrei“ (Z. 29 f.).

Zu 3

Die Songs haben – so die Theorie des epischen Theaters – eine die Handlung unterbrechende, verfremdende, kommentierende und so dem Zuschauer Distanz und vergnügliche Reflexion ermöglichende Funktion. Wie bei den anderen Songs in diesem Stück wie z.B. dem „Lied vom Rauch“ geht es um Resignation. Die Lieder sollen dem Zuschauer jedoch gerade ermöglichen, sich die Frage zu stellen, wie sich die Zustände verbessern lassen könnten. Durch das Heraustreten aus der Handlung nimmt der Sänger Kontakt mit dem Publikum auf, das so die Geschehnisse reflektieren und eben nicht resignieren soll.

III Wahre Liebe / Ware Liebe

Text: 5. Bild, S. 63–66, 69–75

Aufgabe

Arbeiten Sie die unterschiedlichen Auffassungen von Liebe in dem Stück *Der gute Mensch von Sezuan* heraus.

1. Fassen Sie den Inhalt des 5. Bildes zusammen.
2. Legen Sie – ausgehend von der Beziehung von Shen Te / Shui Ta und Sun im 5. Bild – deren Verständnis von Liebe dar.
3. Skizzieren Sie die Einstellungen zur Liebe von
   a) Shu Fu,
   b) dem Polizisten.
4. Legen Sie die Funktion dieser Auffassungen von Liebe im Gesamtzusammenhang des Stücks dar.

Lösungsvorschläge

Zu 1

- Shen Te, die ehemalige Prostituierte, hat den stellenlosen Flieger Sun vor dem Selbstmord bewahrt und sich in ihn verliebt (3. Bild). Sie möchte die für einen Posten als Flieger in Peking benötigten 500 Dollar für Sun besorgen. Dafür gibt sie ihm 200 Dollar, die sie von einem alten Ehepaar entliehen hat, um die Miete für den Tabakladen zu bezahlen, bringt sich also selbst in Schwierigkeiten.
- Zu Beginn des 5. Bildes befindet sich Shen Te als Shui Ta im Laden. Als Sun eintritt, verrät sie ihre Gefühle und damit beinahe ihre Rolle als der harte Vetter. Sun taxiert den Wert des Ladens. Für ihn ist nur wichtig, dass er das Geld zum Fliegen erhält. Gegenüber Shui Ta wertet er Shen Te ab. Er vertraut Shui Ta an, dass die hohe Summe von 500 Dollar nötig sei, um dem bisherigen Flieger, einem Familienvater, einen Fehler nachzuweisen, so dass ihm gekündigt werden könnte und er die Stelle erhielte.
- Shui Ta fragt nach dem Schicksal des Piloten, dem gekündigt werden soll, verkauft den Laden, hört, dass Sun noch nicht das Reisegeld für zwei Personen aufgetrieben hat, erfährt, dass Shen Te zunächst gar nicht mit soll. Shui Ta kann die Enttäuschung nicht verbergen, will alle Angebote zurückziehen: „Sie scheinen zu vergessen, daß sie ein Mensch ist und eine Vernunft hat." (S. 68)

Zu 2

- Sun vertritt ein traditionelles Frauenbild und eine Macho-Haltung, er streitet Shen Te Vernunft ab und ist von seiner sexuellen Attraktivität überzeugt: „Wenn ich ihr die Hand auf die Schulter lege und ihr sage ‚Du gehst mit mir', hört sie Glocken und kennt ihre Mutter nicht mehr." Die Phrase „Macht der Liebe" kontrastiert er mit dem Hinweis auf den „Kitzel des Fleisches“ (S. 68). Sun instrumentalisiert die Liebe Shen Tes für seine geplante Fliegerkarriere. So stellt er die Bedingung für die Heirat: Shen Te soll das Geld für den ersehnten Posten eines Fliegers in Peking liefern.

- Shui Ta begreift Liebe als Unglück, als die tödlichste Schwäche, Liebe ist „ganz unmöglich! Sie ist zu teuer!“ (S. 69), Liebe unter schlechten Bedingungen zieht ihre Antithese nach sich: „Die Liebkosungen gehen in Würgungen über.“ (Ebd.) Aus den vier Gedichtzeilen am Ende seiner Rede wird deutlich, dass Liebe Menschen zu Opfern macht. Die Metapher der kreisenden Geier unterstreicht den tödlichen Aspekt der Liebe. Shui Ta kann den Schmerz Shen Tes nicht verbergen, sein verzweifeltes Umhergehen wird mit dem Verhalten eines gefangenen Tieres verglichen. Entsprechend ist Shui Ta gegen Shen Tes Beziehung zu Sun.
  Der berechnende Sun geht die Beziehung zu Shen Te nur ein, wenn sie durch ihr Geld seinen Traum vom Fliegen finanzieren kann. Als nur noch Shui Ta sich zeigt, Shen Te als verschwunden gilt, will er nur nach ihr suchen, weil er sich dadurch Vorteile für Shui Tas Firma, bei der er nun als Aufseher angestellt ist, verspricht.
- Shen Te liebt Sun bedingungslos. Sie entschuldigt Suns „Schlechtigkeit“ als Resultat inhumaner Verhältnisse. Sun erinnert sie in dieser Szene an ihre erste Begegnung im Stadtpark. Ihre letzte Äußerung in diesem Bild ist ein Liebesgeständnis: „Ich will mit dem gehen, den ich liebe. / Ich will nicht ausrechnen, was es kostet.“ (S. 75) Shen Te klammert die Liebe von den Gesetzen der Ökonomie aus.
  Gerade diese Äußerungen Shen Tes zeigen die romantische Absolutheit ihrer Liebe, die sie in den Augen der anderen Personen des Stücks angreifbar macht und ihrer grundsätzlichen Güte entspricht, die sie unter diesen sozialen Umständen jedoch nicht lebensfähig macht.
  Der Stellenwert ihres Liebesgeständnis wird auch dadurch deutlich, dass dieser Text außerhalb der Handlung, zum Publikum gewandt gesprochen wird. Mit diesem Mittel des epischen Theaters zur Distanzierung soll an das Publikum appelliert werden, darüber nachzudenken, ob Liebe unbedingt sein kann und wie das Verhältnis von Liebe und Ökonomie aussieht. Der mehrfache Parallelismus ab Zeile 2 („Ich will nicht ausrechnen, was es kostest. / Ich will nicht nachdenken, ob es gut ist“) und die Wiederholung der ersten und letzten Zeile unterstützen den Ausdruck dieser unbedingten Liebe. Er wird jedoch ironisch gebrochen durch Suns lakonische abschließende Äußerung: „So ist es.“ (S. 75)

Zu 3

a) Der Barbier Shu Fu nennt Shen Te „Engel der Vorstädte“, gibt vor, ihre Güte zu bewundern, will ihr seine leeren Häuser für wohltätige Maßnahmen zur Verfügung stellen. Seine Phrasenhaftigkeit, das Angebot der in Wahrheit feuchten, kaum nutzbaren Baracken verdeutlichen die Selbstbezogenheit des reichen Mannes.
   Er gibt vor, Shen Te zu lieben, schädigt aber herzlos den Wasserverkäufer Wang, er vertreibt ihn, preist sich als selbstlosen Menschen an. Seine klischeehaften, kitschigen Vorstellungen von Liebe („Zwei Seelen werden sich finden“, S. 73)

sind ein harter Kontrast zur Misshandlung Wangs. Shu Fu ist ein kalkulierender, pedantischer Bürger, maskiert als gütiger Mensch, der sich in seinen Äußerungen verrät. So benennt er den Ruf der Shen Te, der ehemaligen Prostituierten, als den des „keuschesten Mädchens dieser Stadt" (ebd.).

b) Der Polizist (2. Bild) sieht die Notwendigkeit ein, dass Shen Te sich prostituieren muss, um zu überleben, lehnt dies aber als nicht respektabel ab. Er will eine Heiratsanzeige für Shen Te aufsetzen, damit sie ökonomisch versorgt ist. Brecht rückt damit die bürgerliche Ehe in die Nähe von Leistung und Gegenleistung, von Prostitution.

Zu 4

Die Haltung Shen Tes wird von den anderen Personen als naiv und nicht lebenstüchtig eingeschätzt. Die bürgerliche Doppelmoral zeigt sich an der negativen Bewertung der käuflichen Liebe. Gleichzeitig wird die Ehe als ökonomisch notwendig gesehen. Prostitution als die dem Kapitalismus gemäße Variante von Liebe gehört zu den Motiven des Stücks: Shen Te ist eine ehemalige Prostituierte. Als sie im Stadtpark – schon als Ladeninhaberin – spaziert, wird sie von anderen Prostituierten als Konkurrentin gesehen. Auch Sun kann sie zuerst gar nicht anders einordnen.
Liebe ist also eng verbunden mit der ökonomischen Situation, absolute Liebe ist unter diesen historischen Bedingungen nicht möglich. Dies zeigt sich auch in der Hochzeitsszene (6. Bild). Deren Schauplatz „Nebenzimmer eines billigen Restaurants in der Vorstadt", der geliehene Smoking des Bräutigams, die Klagen der Mutter Suns über die Bezahlung des „Bonzen", eines als Standesbeamter fungierenden buddhistischen Priesters, und deren heuchlerische Forderung: „Oh, bitte nichts von Geschäften heute! Das bringt einen so gewöhnlichen Ton in eine Feier" (S. 80), die Maßgabe, dass ein Krug Wein für die Feier genügen muss, zeigen facettenreich die enge Verquickung von Liebe und Geschäft.
Sun ist zunehmend betrunken, zerrt am Ende der Feier an Shen Tes Brautschmuck, „so daß er schief zu sitzen kommt" (S. 85), die Shin bringt es auf den Punkt:
„Die Braut wartet auf die Hochzeit, aber der Bräutigam wartet auf den Herrn Vetter." (S. 84)
Auch andere Formen der Liebe wie die Nächstenliebe sind nicht möglich. Die Geschlechterliebe ist nur eine der Ausdrucksweisen von Liebe, die der Kapitalismus unmöglich macht und die nur als Prostitution möglich ist, aber ideologisch abgelehnt wird. Die Entfremdung zwischen den Personen als Konsequenz ökonomischer Bedingungen verhindert Liebesbeziehungen.

IV „Wir sind nur Betrachtende" – Funktion und Darstellung der Götter

Text: Vorspiel, Zwischenspiel des 6., 7. und 9. Bildes, 10. Bild, Epilog

Aufgabe

1. Stellen Sie die Erscheinungsweise der Götter in *Der gute Mensch von Sezuan* dar.
2. Erarbeiten Sie exemplarisch die Sprache der Götter.
3. Legen Sie die Funktion der Götter im Gesamtzusammenhang des Stücks dar.

Lösungsvorschläge

Zu 1

- Insgesamt werden die Götter ohnmächtig und schwach dargestellt. Traditionelle Darstellungsweisen von Göttern werden hier parodiert.
- Im Vorspiel erscheinen die Götter wohlgenährt, haben menschliche Eigenschaften. So ekelt sich der dritte Gott vor Spinnen. Sie beharren nicht auf Gottesfurcht und Strafe, benutzen naturwissenschaftliche Erklärungen für Katastrophen. So sind Überschwemmungen Folgen eines defekten Staudamms. Sie sind am Status quo interessiert, wollen die Welt nicht verändern. Um ihre eigene Position zu bewahren, bedarf es genug guter Menschen auf Erden.
  Als sie beratschlagen, ob sie Shen Te Geld geben können, zeigen sich kleinliche Bedenken und Obrigkeitshörigkeit („Das könnten wir oben nicht verantworten", S. 18).
- Dreimal erscheinen die Götter im Traum als Projektion des Wasserverkäufers Wang, der ärmsten Person in diesem Stück. Im ersten Zwischenspiel zeigt sich Wangs Sorge um Shen Te, die immer öfter ihren Vetter rufen muss. Die Götter räumen ironischerweise ein, nichts von Geschäften zu verstehen. Doch sie schlagen das Hilfegesuch aus, unterstützt durch den Hinweis auf den dritten Gott mit dem blau geschlagenen Auge: „Wir sind nur Betrachtende" (S. 89). Auch zeigen sie sich begriffsstutzig, als Wang ihnen das Gleichnis vom Leiden der Brauchbarkeit vorträgt. In Wangs nächsten Traum sind sie müde vom Wandern. Wang bittet um Erleichterung der Vorschriften (z. B. Wohlwollen statt Liebe, Schicklichkeit statt Ehre), dies schlagen die Götter aus mit der Pseudolegitimation, diese Tugenden seien noch schwerer zu realisieren. Bei ihrem letzten Erscheinen in den Träumen Wangs erscheinen sie erschöpft, verarmt, lädiert (beinamputiert). Sie werden also zunehmend schwächer, bangen um ihre Existenz.
- Die Existenz der Götter hängt von der Existenz eines guten Menschen, also von Shen Te ab. Der dritte Gott zeigt sich am einsichtsvollsten. Er fragt sich, ob göttliche Gebote tödlich seien, die Welt zu kalt oder der Mensch zu schwach sei.

- In der letzten Szene erscheinen die drei Götter als neue Richter, verkleidet mit gefälschten Zertifikaten, haben Angst, entdeckt zu werden. Erst durch Wang haben sie von der Anklage Shui Tas erfahren, der Mörder Shen Tes zu sein. Auch hier zeigt sich wieder, dass sie nicht allwissend sind. Als Sun auf ein Lebenszeichen Shen Tes hinweist, ist einer der Götter gierig, darüber mehr zu erfahren, denn der Nachweis eines guten Menschen macht ihre Existenzberechtigung aus. Shen Te offenbart sich den Göttern („Euer einstiger Befehl / Gut zu sein und doch zu leben / Zerriß mich wie ein Blitz in zwei Hälften“ (S. 130) und erniedrigt sich: „Für eure großen Pläne, ihr Götter / War ich armer Mensch zu klein“ (S. 131). Die Götter gehen nicht auf Shen Tes Verzweiflung ein, sie werden in ihrer Naivität lächerlich gemacht, wenn sie Shen Te Mut zusprechen: „Sie ist eine kräftige Person und wohlgestaltet und kann viel aushalten“ (S. 132). Sie wollen die Unveränderlichkeit der Welt und entschweben lächelnd auf einer rosa Wolke und gestehen als Hilfsmaßnahme zum Überleben einmal monatlich das Auftreten Shui Tas zu.

Zu 2

Die Götter werden nicht erhaben, sondern komisch und lächerlich dargestellt. Entsprechend ist ihre Sprache gestaltet. Hohle Phrasen belegen, dass sie nur auf der Suche nach irgendeiner scheinbaren Existenzberechtigung sind.
Zunächst äußern sie sich im befehlsmäßigen Ton, z. B.: „man bezahlt, was man schuldig ist“ (S. 51), jedoch ohne Einblick in ökonomische Strukturen zu haben. Der zweite Gott spricht dogmatisch, benutzt Versatzstücke pseudotheologischer Interpretation: „Erstens muß der Buchstabe der Gebote erfüllt werden, zweitens ihr Geist“ (ebd.). Auch im zweiten Traum beharrt er auf floskelhaften Lehrsätzen, hier noch durch die Alliteration komprimiert: „Leid läutert“ (S. 89). Im Kollektiv sprechen sie chorisch mit immer leiser werdenden Stimme ihre Gemeinplätze (vgl. ebd.).
Im Schluss-Terzett des letzten Bildes kontrastiert der hohe Ton mit dem Eingeständnis der göttlichen Ohnmacht. Sie können nur in ihr „Nichts“ entschweben. Auf den verzweifelten Hilferuf Shen Tes reagieren sie nur mit Sprachschablonen. Der Anklang an das erlösende Ende in Goethes *Faust II* ist deutlich, doch bei Brecht ist genau das Gegenteil gemeint: Es kann keine göttliche Erlösung geben.

Zu 3

- Die Götter fungieren nicht als Richter, mildern ihre Gesetze, sind komisch, verletzlich und menschlich gezeichnet, sind nur „Betrachtende“ (S. 89). Sie stehen in Gegensatz zu Wangs und Shen Tes Vorstellung, die sie als „Erleuchtete“ sehen. Ihr Abgang ist operettenhaft, ihre rosa Wolke, ihr jämmerliches Verhalten parodieren die Instanz des Deus ex Machina. Meist erscheinen sie nur als Projektion des ärmsten Menschen.
- Diese Darstellung entspricht Feuerbachs („Götter sind Projektionen“) und Marx' Religionskritik (Religion als „Opium für das Volk“). Im Unterschied zu dem Gott des Alten Testaments wollen und können Brechts Götter nicht richten; sie sind nur daran interessiert, dass alles so bleibt, wie es ist. Sie haben somit die Funktion der ideologischen Verschleierung der Verhältnisse.

- In ihrer komischen Darstellung zeigt sich auch ein unterhaltender Aspekt, der gemäß der Theorie des epischen Theaters zu einem „Stück" gehört.
- Die Darstellung verschiedener Wirklichkeitsebenen (Traum, stilisiertes Sezuan etc.) dient der Verfremdung, das Auftreten der Götter wird so relativiert.
- Die Parodie der Götter unterstreicht den Charakter der Antilegende.

V „Wo ich bin, kann er nicht sein" – Die Doppelrolle Shen Te / Shui Ta

Text: 6. Bild, S. 82

Aufgabe

1. Ordnen Sie Shen Tes Äußerung „Wo ich bin, kann er nicht sein" (S. 82) in den Kontext des Stücks ein.
2. Erläutern Sie ausgehend von dieser Äußerung Shen Tes Erfindung des Vetters Shui Ta. Beziehen Sie sich dabei auf Kernstellen des Stücks *Der gute Mensch von Sezuan*.
3. Nehmen Sie Stellung zu der Frage Shen Tes: „Warum haben die Götter nicht Tanks und Kanonen / Schlachtschiffe und Bombenflugzeuge und Minen / Die Bösen zu fällen, die Guten zu schonen?" (S. 61)

Lösungsvorschläge

Zu 1

Die Doppelexistenz von Shen Te führt zur Kernfrage des Stücks, ob der Mensch unter den gegebenen ökonomischen Strukturen gut sein kann. Besonders in Shen Tes „Lied von der Wehrlosigkeit der Götter" im Zwischenspiel vor dem 5. Bild wird dies deutlich: „Die Guten / Können sich nicht helfen und die Götter sind machtlos" (S. 61). Schenken war Shen Te eine „Wollust" (S. 131). Doch um moralisch rein zu handeln, bedarf es in einer inhumanen Gesellschaft – so die Paradoxie des Stücks – der starken „Helfer". Da die Götter machtlos sind, sind dazu irdische Waffen nötig. Auch in ihrem letzten Auftritt (S. 130 f.) wiederholt Shen Te das Dilemma: „Euer einstiger Befehl / Gut zu sein und doch zu leben / Zerriß mich wie ein Blitz in zwei Hälften."

Zu 2

Stationen der Entwicklung von Shen Te zu Shui Ta:

- Wang charakterisiert Shen Te doppeldeutig als Person, die „nicht nein sagen" kann (S. 14). Shen Te ist zunächst Prostituierte, sie ist aber auch die einzige Person, die die Götter aufnimmt. In ihrem Laden, den sie vom Geld der Götter errichtet hat, beherbergt sie eine achtköpfige Familie, gibt den Armen, verschenkt Tabak, gibt dem geliebten Sun Geld, das sie sich bereits geliehen hat, will dem verletzten Wang helfen. Sie hat Mitleid mit den Armen, die auch als Schmarotzer auftreten, bis sie selbst kaum noch etwas besitzt.
- Schon gleich nach der Eröffnung des Ladens raten die von ihr Unterstützten – natürlich auch aus Eigennutz – zu der Erfindung eines strengen Vetters.

- Über die guten Taten gerät Shen Te selbst in Schwierigkeiten. Als sie bemerkt, dass andere wegen ihres altruistischen Verhaltens in eine gefährliche Situation geraten wie das alte Ehepaar, das ihr das Geld geliehen hat, berücksichtigt sie nicht die eigenen Interessen. Von Sun verlangt sie das Geld zurück, sie opfert so ihr „Liebesglück" (S. 90).
- Erst als sie, nun von Sun schwanger, das hungrige Kind beobachtet (7. Bild), das in einer Mülltonne nach Essen sucht, beschließt sie, für das Wohl ihres eigenen Kindes zu kämpfen. Ab da zeigt sie sich bis zur Gerichtsverhandlung als Shui Ta.
- Shui Ta ist von Anfang an durchsetzungsfähig, egoistisch, wirft die Schmarotzer aus dem Laden hinaus, auch die, die zur Erfindung des Vetters geraten haben – ironisch wird geschildert, wie sich der Egoistische selbst mit seinen eigenen Mitteln schlägt.
- Bei seinem zweiten Auftritt äußert Shui Ta zunächst Shen Tes Interessen im Hinblick auf Sun, doch als er/sie von Sun enttäuscht ist, werden Shen Tes Gefühle unter der Maske deutlich. Sie willigt als Shui Ta in eine Beziehung mit dem heuchlerischen, aber reichen Shu Fu ein.
- Die dritte Verwandlung von Shen Te in Shui Ta geschieht nach ihrer Entdeckung, dass sie schwanger ist. Shui Ta wird nun zum ausbeuterischen Fabrikherrn, er versucht später sich zu rechtfertigen: „Gute Taten, das bedeutet Ruin!" (S. 129) Als er als vermeintlicher Mörder Shen Tes vor dem Gericht, also vor den drei Göttern steht, muss er zugeben, dass in der Maske des Shui Ta Shen Te steckt. So rettet Shen Te ihr Leben.
- Shen Te und Shui Ta sind nicht zwei ausgeprägte Charaktere. Sie repräsentieren einen sozialen Typus entsprechend Brechts Auffassung vom epischen Theater.
- Sprachliche Unterschiede: Shui Ta ist beherrscht, verwendet höfliche Floskeln, ist geschickt in Verhandlungen, äußert sich öfters indirekt und vorsichtig (z. B. „Meine Kusine bedauert natürlich", S. 32). Shen Tes freundlicher Wortschatz, ihre eher anschauliche Sprache, ihr gedämpft zorniger Ausdruck angesichts von Ungerechtigkeit kontrastieren mit Shui Tas Reden.
- Shen Te konstruiert Shui Ta, sie hat die tragende Rolle im Stück inne. Durch die Maske des Shui Ta zeigt sich auch immer wieder Shen Te. So muss z. B. Shui Ta Gefühle von Shen Te und Symptome der Schwangerschaft überdecken.
- Shen Te kommt zu der Einsicht: „Etwas muß falsch sein an eurer Welt." Am Ende klagt sie die Zustände auf der Erde und die Machtlosigkeit der Götter an: Die Schlechten werden belohnt, die Guten bestraft. Ihr Mitleid mit dem Elend führte dazu, „dass ich gleich in wölfischen Zorn verfiel / Angesichts des Elends. Dann / Fühlte ich, wie ich mich verwandelte und / Mir die Lippe zur Lefze wurd." (S. 131) Auch in der Alliteration „Lippe zur Lefze" wiederholt sich die Grundthematik des Stücks. Doch die Götter lassen sie allein, sie sind nicht bereit zur Veränderung der Welt. Das letzte Wort der schwangeren Shen Te besteht in dem verzweifelten Ruf nach Hilfe.

Zu 3

Diskussionswürdig ist die Frage, inwieweit Shen Tes Spaltung einen universalen menschlichen und moralischen Konflikt spiegelt oder – wie es Brechts Intention entspricht – ob die Verwandlung in Shui Ta nur in kapitalistischen Verhältnissen nötig ist.

- Im Anschluss an die Erläuterung dieser Frage Shen Tes, ob es nicht der Gewalt bedürfe, um das Gute durchzusetzen, kann das Verhältnis von Gewalt und Moral erörtert werden. Dabei können verschiedene Positionen inklusive derer Begründungen dargelegt werden, z.B.:
- Jede Gewalt ist abzulehnen, so auch Shen Tes Erfindung des Shui Ta; Begründung: Schuld durch Gewaltanwendung; Gewalt erzeugt Gegengewalt.
- Es gibt evtl. Verhältnisse, die eine Gewaltanwendung legitimieren, z.B. Gefährdung des eigenen Lebens, Tyrannenmord.
- Historische Veränderungen sind evtl. durch Gewalt beschleunigt worden, z.B. in der Französischen Revolution.
- Gewalt ist abzulehnen, das Ziel rechtfertigt nicht die Mittel.
- Hinweis auf Gewaltpotenzial des realen Sozialismus.

VI „Kittchen oder Fabrik?" – Entfremdung in der Arbeitswelt

Text: 8. Bild – Shui Tas Tabakfabrik

Aufgabe

Erarbeiten Sie anhand des 8. Bildes Brechts Darstellung der Arbeitswelt in *Der gute Mensch von Sezuan*.

1. Legen Sie die Veränderungen Suns im 8. Bild dar.
2. Charakterisieren Sie den Aufbau des 8. Bildes. Arbeiten Sie die Kontraste dieses Bildes heraus und erläutern Sie mögliche Verfremdungseffekte.
3. Legen Sie die Funktion des Songs „Lied vom achten Elefanten" dar.

Lösungsvorschläge

Zu 1

Zentrales Thema dieses Bildes: der ökonomische Aufstieg sowohl von Shui Ta als Besitzer einer Tabakfabrik als auch der von Sun, der als Aufseher in dieser Tabakfabrik sich dem System völlig anpasst. Gemäß marxistischer Analyse zeigt Brecht hier die die tatsächlichen Herrschaftsverhältnisse verschleiernde Ideologien auf. Dies wird im Lobpreis der Mutter von Sun deutlich, bei Sun selbst, der als Aufseher die antagonistische Klassenstruktur aufrechterhält und zugleich deren Opfer ist, und bei Shui Ta, der die Gefühle der Shen Te verleugnen muss und nun als Kapitalist mit Zigarre auftritt.
In mehreren Stationen zeigen sich Suns Veränderungen:

- Shui Ta zeigt sich ausbeuterisch: er nutzt den arbeitslosen und verschuldeten Sun aus, der nur die Alternative hat: „Kittchen oder Fabrik?" (S. 105) Aus dem Flieger Sun wird nun ein Arbeitssklave. Aufgrund des Bühnenbildes sind Gefängnis und Fabrik identisch.
- Sun tut so, als wollte er einem älteren Arbeiter helfen. Als Sun seinen Chef Shui Ta erblickt, nimmt er einem älteren Arbeiter einen Ballen ab. Sun gibt vor, dem Arbeiter zu helfen.
- Shui Ta sieht, was Sun leistet, und zwingt den Älteren, nun genau so viel zu arbeiten.
- Bei einer Lohnauszahlung schmeichelt sich Sun in das System ein, indem er den bisherigen Aufseher einer falschen Lohnabrechnung bezichtigt, er habe ihm einen Tag zu viel ausgezahlt. Shui Ta ist von Suns Qualitäten überzeugt, fragt ihn über den Aufseher aus, bietet ihm eine Prämie an, die Sun ablehnt. Stattdessen weist er auf seine Intelligenz hin und erbittet eine Woche Probezeit als Aufseher.
- Sun treibt die Arbeiter an, auch Kinder, beschleunigt das Arbeitstempo, erzwingt Fließbandarbeit. Je mehr er aufsteigt, umso mehr entsolidarisiert er sich von seiner Klasse. Je mehr Moral er verliert, umso mehr bewundert ihn die Mutter. In tragischer Verkennung des von sich selbst entfremdeten Sohnes nennt sie ihn weiter „Flieger" und fordert ihn auf, weiter aufzusteigen: „Flieg, mein Falke!" (S. 108)

Sie rühmt Shui Tas erzieherische Fähigkeiten, er habe Sun „zu ehrlicher Arbeit gezwungen“. In der Tat ist heute Sun „ein ganz anderer Mensch als vor drei Monaten“, wie die Mutter schwärmend feststellt, aber der Zuschauer weiß – nicht zuletzt wegen des Bühnenbildes – um die Doppelbödigkeit dieser Aussage.

Zu 2

Der Aufstieg Suns wird teilweise aus der Retrospektive von dessen Mutter, Frau Yang, geschildert, teilweise in Rückblenden vorgeführt.
Eine Fülle von Mitteln des epischen Theaters werden hier kombiniert:

- Frau Yangs Erzählung wird durch Rückblenden unterbrochen. Kontrastiert werden subjektive und objektive Sicht: Frau Yang preist die Strenge von Shui Ta, der aus ihrem Sohn einen nützlichen Menschen gemacht habe; die Rückblenden zeigen die Ausbeutungsmechanismen des Fabrikbesitzers. Doch die Mutter verschleiert diese mit bürgerlichem Stolz und Ideologie („Ehrliche Arbeit“, S. 105; „Bildung und Intelligenz“, S. 108; „Erfüllung der Pflicht“, ebd.). Die an Filmtechnik orientierten vier Rückblenden erlauben Zeitsprünge, die im Sinne des epischen Theaters sind und Prozesshaftigkeit sowie Widersprüchlichkeit der gesellschaftlichen Zustände zeigen sollen.
- Es gibt mehrere Schauplätze: Als Ort der Hauptbühne dient die einem Gefängnis gleichende Fabrik: „Hinter Gittern hocken, entsetzlich zusammengepfercht, einige Familien“ (S. 104). Anklänge an Arbeitslager und KZ sind hier möglich (Stück zum großen Teil zwischen 1939 und 1941 entstanden). Die Bühnenrampe ist der Platz der Frau Yang, die hier die Entwicklung ihres Sohnes rühmt. Durch die Bühnenanordnung werden die Lobpreisungen der Frau Yang als hohle Ideologie entlarvt, denn im Hintergrund sehen die Zuschauer stets das „Gefängnis“ als Endpunkt kapitalistischen Aufstiegs.
- Die überschwängliche, phrasenhafte, teilweise antikisierende Sprache Frau Yangs lässt ihre kleinbürgerlichen Interessen (Aufstieg des Sohns) und ihr falsches Bewusstsein durchschauen. Ihre Anleihe an einer Weisheit der Alten am Ende der Szene offenbart den brutalen Charakter ihrer Ideologie: „Der Edle ist wie eine Glocke, schlägt man sie, so tönt sie, schlägt man sie nicht, so tönt sie nicht.“ (S. 110)

Zu 3

- Das rhythmisch eingängige Lied vom achten Elefanten, das vier achtzeilige Strophen mit Refrain enthält, ist ein zentrales episches Mittel, das die Herrschaftsverhältnisse spiegelt. Gleichzeitig fügt sich eine unterhaltsame Komponente ein, das Lied erinnert durch Reim und Rhythmus an ein Kinderlied oder an eine Ballade.
- Es wird mehrfach Kritik geübt:
  a) am Aufseher Sun (8. Elefant, „faul auf der Wacht“), der seine Privilegien bewahrt, keine Solidarität mit seiner Klasse ausübt. Sun singt am Ende des Liedes mit, beschleunigt durch Händeklatschen das Tempo, zeigt keine Einsicht in seine Rolle als ausgebeuteter Ausbeuter.
  b) Kritik auch am System des Shui Ta (Herr Dschin). Der Refrain widmet sich dem Besitzer der Produktionsmittel. Eine aufkeimende Revolte (3./4. Strophe) wird dadurch niedergeschlagen, dass der Aufseher mehr Essen erhält. Am Ende lacht der Gewinner, Herr Dschin, denn seine Arbeiter arbeiten noch schneller.

VII Untertitel: Parabelstück

Text: S. 134 f.

Aufgabe

Brecht bezeichnet *Der gute Mensch von Sezuan* im Untertitel als „Parabelstück".

1. Legen Sie – ausgehend von einer Analyse des Epilogs – den Parabelcharakter des Stücks dar.
2. Erörtern Sie, ob bzw. inwiefern das Parabelstück noch aktuell ist.

Lösungsvorschläge

Zu 1

Analyse des Epilogs:

- Hier zeigt sich die Differenz von Schauspieler und Rolle, denn beim Sprechen des Epilogs tritt einer der Schauspieler aus seiner Rolle heraus.
- Der Sprecher reflektiert in scheinbar naiver Diktion (Paarreim) den Unterschied zwischen Ziel der Handlung als Heiligenlegende und dem bittren Ende.
- Gleichzeitig wird der merkantile Aspekt des Theaters angesprochen – das Theater ist auf das Publikum angewiesen, damit es nicht bankrott geht. Auch soll der Zuschauer genießen. Der Autor spielt hier mit seiner Rolle: „Vielleicht fiel uns aus lauter Furcht nichts ein." Nicht einmal für Geld konnte eine Lösung gefunden werden: Spiel mit dem Motiv der Käuflichkeit.
- Vier Möglichkeiten werden fragend angeboten: ein anderer Mensch, eine andere Welt, andere Götter, gar keine Götter. Die letzten fünf Zeilen appellieren an das Publikum, die Frage zu klären, wie man dem guten Menschen zu „einem guten Ende helfen kann." (S. 135) Nach bürgerlich-höflicher Art wird erneut, wie zu Beginn des Epilogs, das Publikum als „verehrtes" angesprochen, aber mit der Aufforderung „los, such dir selbst den Schluß" wird deutlich, dass nun Nachdenken erwünscht ist. In der letzten Zeile wird in der vierfachen Formulierung des Müssens die Notwendigkeit eines guten Endes beschworen.

Parabelcharakter:

- Parabel: lehrhafte Dichtung, in der Abstraktes konkret veranschaulicht werden soll; sie muss nicht in allen Vergleichspunkten übereinstimmen wie Fabel.
- Brecht steht eher in der Tradition Lessings, der Aufklärung und nicht Kafkas rätselhafter Parabeln. Parabel bedeutet Modell, Vereinfachung allgemeiner Einsichten. So dient die Spaltung Shen Tes der Konkretisierung der Erkenntnis, dass soziale Realität durch Widersprüche strukturiert ist.
- Die künstliche Konstruktion wie hier die Spaltung Shen Tes gehört zur Gattung der Parabel. Nach Brecht soll sie so historische, also veränderbare Zustände zeigen.
- Diese Funktion haben auch das stilisierte China, der Ort Sezuan, die chinesischen Namen und die Weisheiten, Mischung aus alter und industrieller Welt.

- Umkehrung des religiösen Musters, Antilegende.
- Parabel analog zu einem naturwissenschaftlichen Experiment – Funktionieren kapitalistischer Gesetzlichkeiten wird demonstriert, wie könnte Wirklichkeit anders sein? – Einführen jeweils neuer Bedingungen, z. B. Geldgeschenk der Götter – kann so Shen Te gut bleiben? Keine Identifikation mit den Personen, Handlungsgefüge ist entscheidend.
- Künstlichkeit der Götter, märchenhafte Elemente, die auf reale Strukturen verweisen – V-Effekt: Bekanntes wird aus der Distanz dargestellt, um dessen Funktionsweise transparent zu machen – daraus kann Komik erwachsen.

Zu 2

Für die Aktualität des Stücks sprechen:
- Folgen der Globalisierung: zunehmende Diskrepanz von Arm und Reich; Arbeitsbedingungen, Arbeitslosigkeit
- Arbeitsbedingungen im heutigen China im Kontrast zum Vorspann
- Suche nach individuellem Aufstieg (Figur des Sun)
- Aktuelle Werte des Egoismus
- Bonzentum in den früheren kommunistischen Staaten
- Zwang zur Anpassung, um zu überleben
- Notwendigkeit einer Utopie als Motor, um die Verhältnisse zu verändern

Gegen die Aktualität des Stücks sprechen:
- Simplifizierende marxistische Analyse als Basis des Modells „Sezuan“
- Die Probleme des real existierenden Sozialismus und dessen Auflösung erschweren eine Auseinandersetzung mit Brechts didaktischem Werk.

VIII „[…] und alle Fragen offen" – Dramentheoretische Diskussion

Text: Peter Handke, „Straßentheater und Theatertheater", in: P. H., *Ich bin ein Bewohner des Elfenbeinturms*, Frankfurt a. M.: Suhrkamp, 1972, S. 52 f.

„Brecht war trotz seines revolutionären Willens so sehr von gegebenen Spielkanones des Theaters benommen und befangen, daß sein revolutionärer Wille doch immer in den Grenzen des Geschmacks blieb, indem er es für geschmackvoll hielt, dass die Zuschauer, indem sie Zuschauer blieben, sich unbehelligt unterhalten (lassen) sollten: gerade besorgt war sein jeweilig letzter Wille zu einem Stück, es sollte ‚unterhaltsam sein. Andere würden diese Haltung vielleicht als ‚List der Vernunft' bezeichnen: das schiene mir aber doch die List einer recht eigennützigen Vernunft zu sein.
[…]
Das ist es also, was mich doch aufregt an den Brechtschen Spielen: die Eindeutigkeit und Widerspruchslosigkeit, in die am Ende doch alles aufgeht (auch wenn Brecht so tut, als seien alle Widersprüche offen), erscheint, da sie auf dem Theater in einem Spiel- und Bedeutungsraum vor sich geht, als reine Formsache, als Spiel. Jede Art von Botschaft oder sagen wir einfacher, jeder Lösungsvorschlag für vorher aufgezeigte Widersprüche wird im Spielraum der Bühne formalisiert. Ein Sprechchor, der nicht auf der Straße, sondern auf dem Theater wirken will, ist Kitsch und Manier. Das Theater als gesellschaftliche Einrichtung scheint mir unbrauchbar für eine Änderung gesellschaftlicher Einrichtungen."

Aufgabe

1. Arbeiten Sie Handkes Aussagen zu Brechts Konzeption von Theater heraus.
2. Erörtern Sie, ob bzw. inwiefern diese Aussagen auf *Der gute Mensch von Sezuan* und die Theorie des epischen Theaters zutreffen.

Lösungsvorschläge

Zu 1

Handkes Kritik an Brechts Konzeption des epischen Theaters

- Brecht bleibt mit seinem Stücken im Rahmen der üblichen Theaterkonventionen.
- Brechts Forderung, die Zuschauer zu unterhalten, wirkt in der Praxis des Theaters gerade nicht revolutionär. Der unterhaltende Aspekt dient – so Handke – „einer recht eigennützigen Vernunft", also Brechts eigennützigem Interesse.
- Paradoxie: In den Stücken wird die Widersprüchlichkeit aufgelöst. Da diese Lösung jedoch im Raum des Theaters geschieht, ist sie „formalisiert" bzw. „Kitsch".
- Fazit: Nach Handke kann Theater nicht die gesellschaftlichen Verhältnisse verändern.

Handkes Kritik ist scharf formuliert: Durch die Wiederholungen von „geschmackvoll“ und durch die Formulierung „unbedingt unterhalten“ wird deutlich, dass Handke Brecht Beharren auf Konventionen vorwirft. Dass Brechts intendierte Wirkung des epischen Theaters nach Handke gescheitert ist, lässt sich auch an der Verurteilung von politisch gedachten Elementen wie ein Sprechchor als „Kitsch“ und am pointierten Schlusssatz erkennen.

Zu 2

Möglicher Bezug zu *Der gute Mensch von Sezuan*

a) Argumente im Sinne Brechts

- Vorwurf der Theaterkonvention:
  Brecht beansprucht, ein neues, nicht dramatisches, nichtaristotelisches Theater geschaffen zu haben, das experimentellen Charakter hat und auf bürgerliche Mechanismen der Einfühlung und der Illusionsbildung verzichten will. Gerade *Der gute Mensch von Sezuan* wird oft als Musterbeispiel epischen Theaters mit einer Fülle von V-Effekten gesehen.
- Unterhaltung:
  Brecht hat nach eigenem Selbstverständnis Mittel im epischen Theater einzusetzen, um den Zuschauer sowohl zu unterhalten als auch zum Nachdenken zu bringen, z. B. gelingt ihm dies durch die komödiantische Darstellungsweise der Götter, durch die Songs und deren Melodien, teilweise durch komische Effekte in der Stilisierung der Sozialcharaktere.
- Auflösung der Widersprüche:
  Gegen Handkes These sprechen der Epilog des Stücks („Verehrtes Publikum, los, such dir selbst den Schluß!“, S. 135) und der Parabelcharakter des Stücks.
- Kann eine Theateraufführung des *Guten Menschen von Sezuan* Gesellschaft verändern?
  An jedem Ort lässt sich Neues denken, z. B. durch den Impuls der Frage: „Was ist das für eine Welt?“ (S. 69). Im Stück sollen antagonistische Strukturen des Kapitalismus offensichtlich werden, dem Zuschauer werden Kenntnisse vermittelt, die Leidenschaft, für das Gute zu kämpfen, nach sich ziehen kann (Tradition des lehrhaften Theaters).

b) Argumente im Sinne Handkes:

- Theaterkonventionen werden nicht aufgelöst:
  Brechts Stücke waren lange Zeit gerade beim bürgerlichen Publikum erfolgreich. In der DDR dienten sie eher der Legitimation des Staates als dem kritischen Impetus. Brechts Stücke haben wenig Skandale erregt.
- Unterhaltender Charakter / eigennütziges Interesse:
  Die Songs z. B. können unterhalten und Freude an der Melodie vermitteln, so dass der kritische Inhalt darüber vergessen werden kann (z. B. beim Elefanten-Lied). Im bequemen Theatersessel sitzend, lässt sich der Weg Shen Tes verfolgen, lässt sich Armut betrachten, ohne dass echtes Nachdenken initiiert wird. Brecht hat z. T. seine Stücke den Begebenheiten angepasst, so dass *Der gute Mensch von Sezuan* auch in der DDR 1953 (Arbeiteraufstand – Vorspann!) aufgeführt werden konnte.

- Auflösung der Widersprüche:
  Aus der Kenntnis des Gesamtwerks Brechts geht hervor, dass der Kommunismus die bevorzugte Lösung ist. Entsprechend ist der offene Schluss des Epilogs nicht ernst gemeint.
- Kann Theater Gesellschaft verändern? Zwei Gründe sprechen in soziologischer Hinsicht gegen diese These:
  a) Theater als Veranstaltung des Bildungsbürgertums;
  b) Verwechslung zweier Wirklichkeitsbereiche, der Bereiche von Kunst und Politik.